명리의 본질과 현대적 해석

내 운명의 비밀

루이 지음

Dotori

프롤로그

명리의 본질과 현대적 해석

유교적 관점이 아닌 개인주의적 관점으로 명리를 바라본다.

지금의 명리학, 그러니까 우리가 사주 또는 사주 명리라고 알고 있는 운명학의 역사는 그리 오래되지 않았다. 한동안 고대로부터 전해온 점술과 당나라 시절의 당사주 체계가 혼합된 민간의 어지러운 역술이 만연했다. 그러다 고려말에서 조선 초 사이에 음양오행의 자연철학에 기초한 논리적이고 과학적인 체계로 기틀을 잡은 명리학이 중국으로부터 넘어왔다. 사주, 사주팔자, 명리학이라고 불리는 학문은 그때부터 비로소 시작되었다. 사대부들에 의해 새로운 유교국가가 탄생하던 시점이었다.

조선 중기 이후 유교 체제는 주자의 성리학이 가진 본래의 의미를 잃고 극단주의로 변해갔다. 이기론(理氣論)을 중심으로 한 자연철학에 근간을 둔 인본주의적 관념이 사라지고 지나치게 형식주의로 흘렀다. 그 바람에 지배계층의 권력을 정당화하는 도구로 전락했다. 신분제는 공고해졌고 남녀 차별은 극심했다. 사회의 역동성조차 사라졌다. 직업 선택의 자유와 거주 이전의 자유와 같은 개인의 삶에 있어서 변화의 가능성 역시 사라졌다. 백성들은 그저 하루에 한 끼라도 챙겨 먹기 위해 지배 계급에 복종해야 했다. 여자는 사회적 지위를 갖는 것이 구조적으로 불가능했다. 그런 환경에서 명리는 소수가 다수를 폭력적으로 지배하기 위한 수단으로 악용되었다. 명리의 숭고한 기초 개념부터 지배 이념에 의해 무너졌다. 명리가 가진 본질은 퇴색되고 저잣거리의 천한 학문으로 전락하고 말았다.

근대로 넘어와 명리의 본질을 회복할 수 있는 시점이 되자 우리나라는 일제강점기에 들어갔다. 불행하게도 우리 스스로 명리학의 이론적 체계를 세울 기회조차 얻지 못했다. 일본의 이론이 우리에게로 역수입되었고, 명리의 변방에 머물러있던 일본이 우리의 스승이 되는 안타까운 일이 현실이 되었다. 해방 이후 우리나라의 명리학자들은 일본 명리학자들이 쓴 책을 한글로 필사하는 수준의 책을 내고 그들의 이론을 설파하며 명맥을 유지했다. 80년대까지 우리나라의 명리 대가로 인정받은 분들 역시 일본 책으로 그들의 명리학을 공부한 분들이다. 다행히 현대에 와서는 전근대적이었던 기존의 이론을 새로 정립하려는 움직임이 생겼고 한국의 명리학은 질적인 발전을 이루게 되었다. 그리하여 중국과 일본에서 시들어 버린 명리학이 한국에서는 살아남게 되었다.

요즈음, 유튜브가 유력한 미디어가 되면서 수많은 술사가 저마다의 채널을 열고 내공을 자랑하고 있다. 사이비가 판을 치고 무속이 명리로 둔갑하는 일도 생겨났다. 오류가 넘쳐나고 몰상식이 만연해도 그것을 걸러낼 필터가 없어 수많은 쓰레기가 유령처럼 떠돈다. 몇몇 사람들은 그것이 진리인 줄 알고 머리에 새긴다. 그런 혼란에 또 다른 혼란을 더하는 것 같아 [루이 사주 명리]는 유튜브 채널을 여는 대신 책을 내기로 결심했다.

이 책은 사람들이 사주를 접하면서 들어왔던 사주에 관한 편견과 선입견을 깨고 불필요한 오해를 하지 않도록 명리학의 본질적 배경부터 사주 해석의 체계까지 전반적인 설명을 위해 쓰였다. 그 본질이 되는 음양오행의 자연철학으로 인간의 출생이라는 우연과 운명의 불확실성을 해석하는 방법을 쉽게 설명하고자 한다.

사주가 무엇인지 그 본질부터 탐구하다 보면 생각의 지평이 크게 넓어질 것이다. 하늘 아래 새로운 것은 없듯, 수천 년을 내려온 학문에 저자가 보탤 새로운 이론은 없다. 단지 구태를 깨고 개인주의적 관점으로 명리의 본질을 보려는 시도를 계속할 뿐이다.

목차

2. 나의 비밀 에너지

3. 내 운명의 비밀

0.

출생의 비밀

들어가며

내 앞에 강이 흐르고 있다. 건너야 할지 돌아서야 할지 고민이다. 건너야 한다면 어떤 방법이 있을까? 답을 찾기 위한 방법은 무엇일까? 논리적이고 이성적인 판단을 할 수 있다면 좋겠지만 우리가 삶에서 마주하는 이러한 상황은 대개 우연적이고 불확실한 경우가 많아 판단하기 어렵다. 내 앞에 강이 있다면, 그 강이 왜 나타났는지부터 우연한 일일 것이다. 그 강을 건너야 하는지 불확실한 상황이라면 판단의 기준은 모호할 수밖에 없다.

이제 그 강을 건너야겠다고 생각한다면, 또다시 상황 판단을 해야 한다. 지금 건너야 하는가? 건넌다면 무엇을 얻을 수 있을까? 단지 이곳에서 벗어나야 하기 때문인가? 우리는 건너가는 것이 정말 맞는 것인지도 고민해야 한다. 어쩌면 그냥 이곳에 머물러야 할지 모른다.

우리는 사주 명리를 통해 그러한 질문에 대한 답을 찾고자 하며, 가장 유리한 결정이란 어떤 것인지 알고자 한다. 즉, 명리학은 우리에게 자신의 본질에 관한 해석과 함께 의사결정의 기준을 알려주고, 나아갈 때와 지켜야 할 때를 알려준다. 그 근거는 자연과 우주의 변화를 관장하는 음양오행이다. '사주'와 '사주 명리' 그리고 '명리학'은 모두 같은 말이다. 엄밀히 말하면 사주는 사주팔자이고 명리 또는 명리학은 그것을 해석하는 방법론이긴 하지만 같은 말이라 생각하자.

사주는 우리가 강을 건너야 할지 말아야 할지 판단하는 것부터, 건너야 하는 타이밍, 건너는 방법, 동반자 여부 등 다양한 선택지 중에서 최적화된 결정을 할 수 있도록 도와준다. 나를 둘러싼 환경의 변화에 대응할 수 있도록 내가 준비해야 하는 것도 알려준다. 그때를 알게 되면 무엇을 언제부터 대비해야 할지 알 수 있다. 아는 사람과 모르는 사람의 차이는 사고가 날 것을 예감하고 몸을 피한 사람과 넋을 놓고 있다가 사고를 맞이한 사람과의 차이와 같다. 그 사고가 있으리라 아는 사람과 모르는 사람의 차이는 결정적이다. 비가 내릴 때 우산을 들고 오느냐 마냐의 문제가 아니라, 언제 그칠 것인지 아냐 모르냐의 문제와 같다. 때를 아는 사람과 모르는 사람의 운명은 달라진다. 어쩌면 생존의 문제와 직결될 수도 있다.

우리는 점점 더 불확실한 시대를 살아가고 있다. 엔트로피가 무한히 증가하는 시대다. 무수히 많은 선택지 중에서 자신에게 가장 유리한 것을 찾아내기란 쉽지 않다. 자신이 살아온 삶의 경험, 알고 있는 지식, 타인의 조언, 육감 등을 통해 가장 합리적인 선택을 하고자 하지만 사람의 능력치에는 한계가 있다.

사주를 미신이라고 생각하는 사람들이 많다. 사주는 믿음의 영역이 아니다. 미신(迷信)이란 사람을 현혹해서 무언가를 믿게 하려는 의도를 가진 것인데, 사주는 그런 의도를 가지고 있지 않다. 사주는 명주(命主, 사주의 주인)의 운(運)과 명(命)을 이해하고, 조언하고 위로하며 희망을 주고 위험에 대비하게 하는 상담의 영역이다. 피상담자보다 사주 이론을 더 많이 알고 있다는 이유로, 자신이 신(神)인 양 그 사람을 겁주고 금품을 갈취하는 자들이 있다. 모두 사기꾼이다. 사주를 공부한 사람들은 신의 영역에 도전하지 않는다. 타고난 명을 이해하고 운의 흐름에 맞추어 어떤 선택을 하면 좋을지 상담하고 조언하는 것이 전부다.

또한 사주는 점을 치지 않는다. 명리학은 역학이 아니다. 명리와 주역을 함께 두고 논하지 말자. 주역은 점(占)을 치는 학문이다. 우주 만물을 괘(卦)라고 하는 상징으로 표현한다. 만물의 변화 원리를 이해하고 그것으로 미래를 예측한다. 그 64개의 점괘로 마음을 닦는다. 대자연의 질서를 이해하고 인간의 도를 규명한다. 명리학은 주역의 음양학에 영향을 받긴 했지만, 완전히 다른 학문이다. 철학적 근거는 주역의 우주관에 두었지만, 명리의 논리는 음양오행, 즉 자연철학에 바탕을 두면서 오행의 생극으로 모든 것을 풀어내는 학문이다. 보다 실천적인 학문이라고 볼 수 있다. 내가 어떤 이유로든 강가로 왔다면 이제 그 강을 어떻게 건널지 또는 그냥 돌아가는 것이 나을지 논리에 근거하여 판단한다. 그 판단은 우주가 운행하는 음양오행의 원리에 근거한다. 주역을 근간으로 점을 보면서 그 괘에 드러난 철학을 이해하는 것 정도는 삶의 지표를 삼을 만하다. 그러나 막연한 감으로 비논리적인 기도의 힘에 의존하는 미개한 조언에 자신의 운명을 거는 우를 범하지는 말자.

우연의 힘

우리가 태어난 사건은 우연이다. 그 사건은 우연이었지만 엄청난 일이다. 우리가 세상에 나옴으로써 세상은 열렸다. 우리가 태어나지 않았다면 세상은 존재하지 않는다. 그러므로 우리가 죽으면 세상은 더 이상 존재하지 않는다. 우리가 태어난 우연한 사건은 지구에서 벌어졌다. 지구는 스스로 자전한다. 자전하면서 태양의 주위를 공전한다. 그러면서 밤과 낮 그리고 계절을 만들어 낸다. 그 지구에서 생명은 태양의 기운을 받아 생기고 자라고 죽는 탄소의 순환을 반복한다. 우리는 시간의 단위를 12단위로 하루를 살고, 계절의 단위를 12단위(월)로 하여 일 년을 살며, 생로병사를 거쳐 탄생하고 소멸한다. 우리는 그러하지만, 우주는 계속 생명을 잉태하고 소멸시키며 시간과 공간을 창조해 나간다. 나고(生) 좋은 시절을 보내고(旺) 죽고(死) 세상에서 잊힌 존재로 소멸하는(絶) 우리의 운명을 우주는 반복한다.

사주란, 어느 한 개인이 태어난 시각을 연-월-일-시의 4단계로 쪼개어 그 시점의 천간과 지지를 정하는 것이다. 10개의 천간(天干) 글자와 12개의 지지(地支) 글자를 활용해, 60가지 간지(干支) 조합의 연주(年柱), 12가지의 월주(月柱, 연주에 따라 결정되는 월주이니 60갑자를 기본으로 하지만 연주가 결정된 이상 12가지에 국한한다.), 60가지의 일주(日柱), 12가지의 시주(時柱, 월주와 마찬가지로 일주에 따라 결정되는 시주이니 60갑자를 기본으로 하지만 일주가 결정된 이상 12가지에 국한한다.)를 세우면 사주(四柱)가 된다. 각각 천간과 지지로 나뉘므로 모두 여덟 글자, 즉 팔자(八字)가 된다. 이를 사주팔자라 한다.

천간과 지지의 글자들은 음양오행의 기운을 표시한 기호이며, 천간에는 10글자, 지지에는 12글자를 배속한다. 그리하여 순서대로 조합하면 모두 60개다. 이를 육십갑자라고 하고, 우리가 갑자(甲子)네, 을미(乙未)네, 계묘(癸卯)네 하며 부르는 것들이 그것이다.

명리학은 사주팔자의 기운을 분석하여 명(命)을 파악하고 월(계절)로부터 유래한 운(運)의 방향을 보는 것이다. 명을 파악하고 운을 보는 본다는 것은 무엇인가? 길흉화복을 예측하는 것으로 생각하면 된다. 사주를 바탕으로 명운을 파악하는 학문이니 사주 명리라 칭하기도 한다.

세상이 사주 명리에 던지는 질문들이 있다. 어떻게 우연히 태어난 시각으로 그 사람의 운명을 논할 수 있는가? 같은 날 태어난 사람들이 같은 삶을 살지는 않는데 사주를 어떻게 믿을 수 있는가? 이 질문에 답을 하는 것으로 이 책을 쓴다.

1983년 백영관 선생이 쓴 [사주정설]의 서문 중 일부를 옮긴다.

"과학적 가설과 검증을 통해 철저히 논리로만 말하는 물리학계에서 양자역학은 미신인가? 분명히 존재하나, 확인하려고 하면 그 존재는 부존재일 수 있다는 이론이 물리학계의 명제가 된 것은 어떻게 설명할 것인가? 과학의 비약적 발달에 의하여 종래 통설이던 원자설이 전자설로 옮아가고, [하이젠베르크의 원리]가 공표되고, '확정설'로부터 '불확정설'로 전진함에, 세계의 사조는 필연성과 우연성의 문제를 깊이 따지게 되고, 오늘날에 와서는 우연성을 보다 중요시하는 경향이 농후하게 되었다. (중략)

사실 우리 인간들처럼 우연에 지배되고 있는 것도 드물다. 인간은 그 시작 즉 출생부터가 우연이다. (중략) 이 우연이라는 사실을 숙명 또는 운명이라고 부른다. 이 우연, 숙명과 운명의 발견은 인간의 회의(懷疑)와 사색(思索)의 첫걸음이었다. 거대한 운명의 작용력에 대하여 인간의 지력(智力)은 대항조차 할 수 없는 것인가? 숙명을 숙명으로만 체념하고 그에 순응해야 할 것인가? (중략) 숙명의 본질이 우리가 과학적 방법으로 감각하고 이를 처리할 수 있는 필연성 너머에 있는 우연성에 있음을 밝히고, 이미 현상화한 우연을 소급하여 이를 변환(變換)치는 못하더라도 이와 같은 우연을 낳게 한 유인력(誘因力)을 수단과 방법을 가리지 아니하고 구명하여 그 정체를 파악함에 의하여, 이후에 닥쳐올 우연성을 인간생활에 이용하려고 기도했다.

이런 기도는 우리 세대에 시작된 것이 아니라 아득한 옛날 밤하늘의 별을 보고 점(占)을 치는 그 이전부터 있었다. 운명에 대한 항거(抗拒) 즉 우연성에서 어떤 필연성을 찾으려는 인간의 노력과 연구의 역사는 길고 그 방법도 가지가지다. 이런 연구 중에서 우리 인간에게 가장 우연적 현상으로 간주되는 출생이라는 사실을 그 대상으로 한 것이 사주추명학(四柱推命學)이다."

- 출처: [비전 사주정설], 백영관 저, 명문당 편, 1983

참고로 이 책은 일본 명리학의 거두 아부태산(阿部泰山, 아베 타이잔)의 이론을 요약 정리한 것이다. 저자 백영관의 이름은 필명이고 실제로는 1933년생 검사 출신 법조인이라고 알려져 있다. 현대 자평명리의 교과서인 자평진전(子平眞詮)의 해석 논리와는 조금은 다른 방식을 설파하지만, 여러모로 참고할 만한 내용이 많으니 한번 읽어보기를 권한다.

우리는 이미 불확실성, 우연성이라는 것을 과학적으로 설명을 하는 세계에 살고 있다. 명리의 이론을 폄훼할 근거가 사라진 것이다. 최근 유행하고 있는 MBTI나 혈액형으로 사람의 성격이나 성향을 분석하는 것에 비하면 사주 명리가 훨씬 과학적이며 정교하다. 사주 명리는 음양오행 자연철학에 근거하고 있다. 사주가 통계학이라는 인식도 있다. 반은 맞고 반은 틀리다. 자연철학에 근거한 이론 중에서 실제 삶에 적용했을 때 너무나 맞지 않는 것들은 배제하고 잘 맞는 이론을 취하며 변화해 왔으니 반은 맞는 것이고, 음양오행 자연철학을 기반으로 인간의 삶을 이해하려는 것이니 반은 틀린 것이다.

태고로부터 내려오는 철학에 기반한 명리학은 사주팔자라는 기호로 인간의 삶을 파악하고자 하는데, 그 종류만 518,400가지나 된다. 거기에 남녀가 구별되니 1백만이 넘는 가짓수를 가지고 있는 이론이다.

2023년 우리나라에는 약 23만명의 아이가 태어났다. 하루에 630명꼴이고 두 시간 간격으로 나누면 52명이 되니, 사주가 같은 사람은 52명인 것이다. 남녀로 나누면 26명이 된다. 그 26명의 사람은 같은 인생을 살아갈까? 쌍둥이는 어찌할 것인가? 이 질문에 답을 하기 위해 많은 논리가 등장한다. 그 쌍둥이 각각이 마주하는 다른 사람들은 또 다른 사주를 가지고 서로의 삶에 영향을 미치게 된다. 같은 날 집을 나서도 같은 길을 가지 않고 같은 사람을 만나지 않는다. 수많은 불확실성에 그들의 운명이 갈라진다. 같은 사주를 가진 사람들이 다른 삶을 사는 데에는 결국 다른 사주를 가진 사람들과의 상호 관계가 영향을 미치며, 순간순간 닥쳐오는 선택에 있어서 우연히 다른 선택을 함에 따라서 벌어지는 삶의 다양성이 존재한다고 보면 된다. 사주가 영향을 미치는 것은 그 사람이 가진 기본적인 성격의 틀이며 생각의 방식이고 행동의 양태다. 같은 사주를 가진 사람들에게 그것들은 유사할 것이다. 다가오는 운의 기운도 같지만 그 운에서 본인이 어떤 선택을 하느냐에 따라 삶은 바뀌게 된다.

사주는 사람만 본다. 사람은 타인과 상호작용을 하며 살아간다. 무인도에 사는 사람이 영원히 무인도에 살 것 같으면 사주를 볼 필요가 없다. 자연환경에만 영향을 받는 동물과 다르지 않기 때문이다. 반려동물의 사주는 보지 않는다. 사회적 동물로 살아가는 사람에게만 사주가 의미가 있다. 그래서 같은 날 태어난 사람의 삶이 다른 것이다. 같은 날 태어난 사람이 다른 삶을 살기 때문에 사주가 의미가 없는 것이 아니라, 그래서 사주가 의미가 있는 것이다.

명리학의 기원

수천 년의 역사를 장황하게 펼치지 않겠다. 간략히 보자. 도입부에서 언급한 것과 같이, 문헌에 의하면, 우리나라에 명리학이 들어온 것은 고려말로 추정된다. 중국은 송나라 이후 원나라의 시기였다. 당시 우리나라에 들어왔던 사주 간명(看命)의 체계는 송나라 이전 시대의 연(年) 위주의 것이었다. 그리고 지지(地支) 12글자가 사주 안에서 어떤 우연한 만남을 하는지 그 성정으로 길흉을 따졌다. 대개 띠(태어난 해)를 중심으로 연-월-일-시의 순서로 보며, 일명 '당사주'라 불린다. 중국에서는 송나라 이후로는 태어난 일(日)을 위주로 보는 자평명리학이 대세가 되었다. 명과 청을 거치며 많은 학자가 저마다의 이론을 펼치며 현대 명리학의 틀을 이루었다.

그렇다면, 명리학의 현대적 체계가 세워지기 아주 오래전 천간과 지지의 글자와 음양오행의 이론 등은 언제부터 시작되었을까? 이 역시 고대 중국에서 기원했다. 흔히 전설로 내려오는 복희씨의 하도낙서(河圖洛書)를 역학의 기원으로 보고 이를 명리의 오랜 뿌리로 보는 경우가 있는데, 일부는 맞는 이야기지만, 엄밀히 말하면 하도낙서는 주역의 팔괘의 기원으로 음양과 오행의 방위와 숫자의 개념이 있을 뿐 다른 명리학적 이론은 도출하기 어렵다. 즉, 점술의 영역이지 명리학의 영역은 아니다. 물론 사주 명리도 음양과 오행을 토대로 하고 있으니 근원적 뿌리는 그 시대로부터 왔다고 할 수는 있다. 지금과 같은 음양과 오행의 개념이 정립된 것은 한나라 시대 이후다. 당나라 때에는 가장 오래된 명리학 서적으로 인정받고 있는 [이허중명서]가 쓰였고 송나라 이후로부터 [적천수], [연해] 등의 저서가 나오면서 다양한 이론적 기틀을 갖추기 시작했다. 명나라 때에는 [삼명통회]가, 청나라에 들어와서는 [자평진전]이 나왔다. 명리학은 자평명리학으로써 이론적으로 완성이 되었다.

청나라에서 완성된 명리학이 우리나라에 들어와 자리를 잡기 전에 우리나라는 일제강점기라는 암흑기에 들어간다. 일본 학자들에 의해 해석되고 적용된 방식을 우리가 받아들이는 형국이 되었다. 그러므로 제대로 된 자평명리학은 중국에서 일본으로 넘어간 뒤에 우리에게로 전해졌다는 아쉬움이 있다. 다행히 후대의 학자들이 중국의 원서를 다시 공부한 뒤에 새로운 학설을 설파하면서 현재 우리는 대만과 함께 현대 명리학의 양대 산맥으로 우뚝 서 있다.

1.

시간과 공간의 비밀

음과 양, 그리고 오행(음양의 기와 질)

명리학은 자연철학이라고 했다. 우주와 자연의 이치를 통섭하는 학문이다. 그 시작은 기(氣)와 질(質)을 논하는 것이다. 청나라 심효첨 선생의 [자평진전]의 첫 문장은 이러하다.

천지지간(天地之間) 일기이기(一氣而已)

천지에는 이미 하나의 기가 있다는 뜻이다. 이 첫 문장이 가지고 있는 의미는 거대하다. 하나의 기(氣)라는 것은 무엇인가? 바로 무극(無極)이요 태극(太極)이다. '이미' 있다고 하였으니 우주가 탄생하기 전에도 이 기(氣)는 존재했다. 이 지점에서 고대 동양철학의 논쟁이 벌어진다. 바로 무에서 유가 탄생하느냐 마느냐 하는 것이다. 안과 밖의 경계와 끝이 있고 없음의 문제까지 다다르면 음양에 관해 생각하기도 전에 생각은 허공을 떠돌게 된다. 음양의 분화가 생기는 실체로 무극이라는 개념이 생겼다. 태극이 발현하기 위한 개념이다. 무극이 곧 태극이다(無極而太極)라는 말이다. 흔히 우주는 완전한 무(無)의 상태에 있다가 하나의 기가 모여 점이 되고 그 점이 폭발(빅뱅)하면서 형성됐다고 한다. 태극은 바로 이때 폭발과 동시에 태어났다. 무극이 태극의 상태로 바뀐 것이고 음(陰)과 양(陽)

도 이때 동시에 생겨났다. 음양이 생기면서 비로소 변화라는 것이 생겼다. 그 변화로 말미암아 우리는 생명체로 사는 삶을 유지할 수 있다.

다시 말하면, 무와 유, 있고 없음이라는 하나의 기(氣)에서 멈춤과 움직임이라는 생명 운동의 시발이 생긴다. 움직임(動)은 양이고 가만히 있음(靜)은 음이다. 태극이 곧 음양이라고 생각하면 안 되고 태극이 생기면서 움직임과 가만히 있음이라는 생명 운동이 생기게 되었으니 음양이 드러났다고 생각하면 된다. 여기에 덧붙여 그 음과 양이 충만할 때와 시작할 때를 나눈다. 그것을 자평진전에서는 노(老)와 소(少)라 칭하였다. 그리고 또다시 극동(極動)과 극정(極靜), 소동(少動)과 소정(少靜)으로 나뉘는데 이것이 사상(四象)이다. 소위 태양, 태음, 소양, 소음으로 불리는 그것들이다. 사상이 오행(五行)의 근간이다. 태양은 화(火), 소양은 목(木), 태음은 수(水), 소음은 금(金)이고 토(土)는 목화금수의 충(沖)하는 기운이 만들어낸 것이다. 명나라 유백온 선생의 [적천수]에 따르면, 소양인 목은 음에서 양이 소생하여 점차 자라는 것이며, 태양 화는 양의 기세가 왕성함이 극에 이른 것이며, 소음 금은 양에서 음이 소생하여 점차 자라는 것이며, 태음 수는 음의 기세가 왕성함이 극에 이른 것이라 하였다. 토는 음과 양의 중앙에 위치하여 조절하는 역할을 한다고 하였다. 결국 기의 순환과 조화가 핵심이라는 말이다.

이러한 음양과 사상(四象)의 상생 기운을 기(氣)라 하고 이것이

응축되어 물질이나 형상으로 나타난 것을 질(質)이라 한다. 사상의 기운을 질로써 담아내는 것이 토(土)다. 인간은 이러한 기운을 잡아(質) 살아간다.

음양에서 오행이 나온다. 그렇게 나온 오행 안에서도 다시 음양이 나뉜다. 예를 들면, 천간의 글자인 갑(甲)과 을(乙)은 목의 양과 음이다. 하늘에서 생기(生氣)가 나와 퍼지는 것이 갑이고 이 생기를 받아들인 것이 을이다. 갑은 을의 기(氣)이고 을은 갑의 질(質)이다. 생기(태동하는 기운)가 널리 퍼지는 것이 갑의 갑이다. 생기가 모여서 맺히는 것이 갑의 을이다. 만물이 가지와 잎을 가지게 되는 것이 을의 갑이고 그 상태가 무성한 것이 을의 을이다. 방향성을 갖춘 것이 갑이고 을은 그 기를 갖추고 있는 것이다. 을은 결국 갑의 질(質)로서 견고한 상태가 된다.

갑과 을은 하늘에서 운행하는 양과 음이다. 지지(地支)의 글자인 인(寅)과 묘(卯)는 땅에서의 목의 양과 음이다. 그러므로 갑을을 양으로 인묘를 음으로 볼 수 있다. 하늘은 양이고 땅은 음이니 그렇다. 음양은 상대적이고 변화하는 것이다.

천간이 상징하는 하늘의 기운은 무엇일까? 상(象)을 이루는 것이다. 지지가 상징하는 땅의 기운은 무엇일까? 형(形)을 이루는 기운이다. 상은 우주 운동 원리의 추상형이며, 형은 그것을 담고 있는 모습이라고 생각하면 된다. 역시 기와 질로 설명할 수 있다. 갑과 을은 하늘에서 운행하고 인과 묘는 땅에서 받아들인다. 갑을은 하늘에 있으니 동(動)하기만 하고 자리를 잡지 못한다. 그러나 인(寅)은 오직 첫 달인 1월이지 다른 월(月)이 되지 않는다. 갑이 이리저리 움직이고 바뀌어도 지지의 양목(陽木)에 해당하는 월은 반드시 인(寅)에서 세운다. 뿌리를 내린다고 표현하기도 한다. 을도 마찬가지로 묘(卯)에서 세워진다. 기(氣)의 측면에서 보면 갑이 을보다 왕하고 질(質)의 측면에서는 을이 갑보다 왕하다. 그러므로 우열이 있는 것이 아니다. 갑이 을보다 강한 나무이니 쓰임이 있으려면 쪼개야 한다든지 을은 미약한 싹이니 보존해야 한다는 식의 논리는 음양의 이치를 알지 못해서 하는 말이다. 다른 오행도 마찬가지의 이치로 설명이 가능하다. 그러나 토(土)는 목화금수의 충(沖)하는 기운이니 사계절 모두에서 왕하다.

자평진전에서는 오행의 생극이라 하지 않고 음양의 생극이라고 하였다. 명리는 음양학이라 그렇다. 오행도 음양에서 나온 것이니 그 생극을 논하는 것이다. 그리고 오행을 계절로 이해하고 그 운행을 살폈다.

사시지운(四時之運)은 상생이성(相生而成)이라 하여 사계절의 운행은 상생으로 이루어진다고 했다. 엄밀히 말하면 사계절이 돌고 돌면서 서로 생한다고 보아야 한다. 목생화(木生火)하고 화생토(火生土)한다. 토에서 일단 매듭이 지어지고 다시 토생금(土生金)하고 금생수(金生水)한다. 그리고 수는 다시 목을 생함으로써 순환을 이룬다. 일방이 일방을 생하는 개념으로 이해해도 상관없지만 서로 생하는 개념으로 이해하는 것이 좋다. 서로 어우러질 수 있는 기운들이다.

극(剋)의 역할은 무엇일까? 상대를 극하기 때문에 좋지 않은 기운일까? 생함이 있고 극(剋)이 없다면 사계절이 성립되지 않는다. 목은 토를 극하고(木剋土) 토는 수를 극하며(土剋水) 수는 화를(水剋火), 화는 금을(火剋金), 금은 다시 목을 극한다(金剋木). 극한다는 것은 곧 취한다는 의미다. 취함으로써 생한다.

이 지점에서 다시 한번 동양철학의 심오함을 알게 된다. 극이란, 절제하여 생을 그치게 하고 그것이 수렴하여 발설의 기틀을 만드는 역할을 한다. 그리하여 그 절도가 있어 사계절을 이룬다. 주역에서도 이 극의 작용을 중요하게 여겼다. 사람에 비유하면, 먹고 마시기만 하면 제 명대로 살 수가 없고, 배부름을 알게 하여 멈추고 거두었다가 배설해야 하는 것과 같다. 다시 배고픔을 느낀 뒤에 생을 위해 먹고 마시는 순환을 한다. 목(木)의 기운이 여름에 극에 다다랐다가 가을에 거두고 저장해야 다시 겨울을 거쳐 봄에 생하는 이치다.

음양과 체용(體用)

어떻게 하면 사주팔자를 볼 수 있을까 하고 이 책을 읽고 있을 텐데 골치 아픈 이야기를 듣고 있으니 서운하겠다. 하지만 앞부분의 어려운 내용을 이해하면 사주가 새롭게 보일 것이고 명리를 제대로 이해할 수 있을 것이다. 사주 명리를 공부하려는 사람은 그 근원적 생각을 하면서 철학적 기초를 단단하게 해 두는 것이 좋다.

음과 양은 동일한 시점에 동일한 위상에서 생겼다. 우주의 자기장도 음과 양의 작용으로 발생한 것이다. 지구는 북극과 남극을 중심으로 자기장의 파장이 흐르며 자전과 공전을 한다. 그 에너지는 음과 양의 균형을 맞추기 위한 운동으로 전환되어 늘 일정한 궤도로 같은 속도를 유지한다. 사계절이 일정한 시간의 흐름 속에서 진행한다. 음과 양이 일으키는 작용과 반작용이다. 우리 인간들도 그 변화와 작용 반작용의 법칙에서 벗어날 수 없다. 우리는 음과 양의 자연의 법칙이 만들어진 지 137억 년 뒤에나 생겨난 부산물일 뿐이다.

태극의 이미지를 떠올려 보자. 음과 양이 한 덩어리 속에 있는 것을 알 수 있다. 음과 양은 한 덩어리이며 그 음과 양을 가두고 구분하는 테두리가 태극이다. 그림에서 보는 것처럼 양을 검은색이라고 한다면 맨 위에서 겨우 생겨나 아래쪽으로 갈수록 기세가 강해지고 제일 아래에서 극에 달한다. 양(陽)이 가장 절정에 이르는 순간에 음(陰)이 태동한다. 음의 기운 또한 위로 상승하며 양과 같은 방식으로 강해진다. 양(陽)이 죽는 곳에서 음(陰)이 생기고 음(陰)이 죽는 곳에서 양(陽)이 생긴다. 이를 음생양사(陰生陽死) 또는 양생음사(陽生陰死)라 한다. 이러한 과정을 순환 반복하는 것이 음양의 운동이다. 음과 양의 작용은 모든 만물에서 일어난다. 음은 다시 음과 양으로 분화되고 분화된 음도 다시 음과 양으로 분화한다. 이것을 주자학에서 응용한 것이 이(理)와 기(氣)로 우주 만물을 설명한 것이고, 명리학으로 넘어오면서 체(體)와 용(用)으로 설명한다. 체용론을 바탕으로 개인의 명과 운을 보게 되었다. 이기론이나 체용론은 결국 같은 음양론이라고 볼 수 있다.

음양에 대해 다시 생각해 보자. 하늘과 땅, 남자와 여자, 해와 달 같은 대비되는 것들이 떠오를 것이다. 하늘의 기운에도 양적인 것과 음적인 것이 있다. 해도 달도 차고 기운다. 남자를 멸종시키면 여자가 분화하여 다시 남녀로 나뉠 것이다. 밝은 것이 양이고 어두운 것이 음이었는데, 어둠이 사라지면 밝은 것 중에서 더 밝은 것이 양이 되고 양이었던 밝음은 이제 음이 된다. 상대적인 개념이다. 음양을 한 몸으로 보면 이해가 쉽다. 몸이 나뉘면 다시 음과 양이 생겨 합일한다. 그러므로 음과 양은 혼자서 존재하지 못한다. 그러면서 하나가 될 수도 없다. 음과 양은 고정적 개념이 아니다. 변화의 개념이다. 우주 안에 있는 모든 것에 존재한다.

단순하고 이분법적으로 보는 것이 음양이라고 하면 얼마나 쉽겠는가? 음양은 철저히 상대적이며 끝없이 변화한다. 명리학에서는 여기에서 한 걸음 더 나아가 체와 용의 개념을 학문의 근간으로 삼았다. 음과 양의 개념에서 파생된 체와 용은 음과 양의 다른 이름이 아니라 음과 양을 어떻게 이해하는가 하는 인식론이다. 체(體)는 본질이고 근원적인 것이며 용(用)은 그것의 작용 및 그것으로 벌어지는 현상이라고 본다. 즉, 체(體)밖에 없던 무극의 상태에서 태극이 터져 나와 용(用)으로 작용한다. 태극이 체라면 음양이 다시 용이 된다. 음양은 분화한다. 음이 체라면 양은 용이 된다. 음양이 본질적 구분이라면 체와 용은 관계적 그리고 활용적 측면에서의 구분이다.

음과 양, 체와 용의 개념을 이해하였다면 사주팔자를 공부할 준비가 된 것이다. 이해하지 못했어도 그런 것이구나 알고 넘어가면 된다. 평소 많은 독서를 통해 생각의 지평을 넓히자. 아는 만큼 보이는 법이다.

내 운명의 기호 – 사주 세우기

시간에 관하여

사주는 시간의 학문이다. 한 인간이 태어난 시점을 여덟 글자의 기호로 표시하고 그 기호의 비밀을 푼다. 그 시점이 하늘의 관점에서 어떤 시간인지 땅의 관점에서는 어떤 시간인지 본다. 명리는 공간의 철학이자 시간의 철학이다. 인류는 고대로부터 하늘을 우러러보고 두려워하면서 그 뜻을 헤아리기 위해 노력했다. 별자리를 보고 점을 치는 점성술이 서양의 대세였고 산통을 흔들며 팔괘로 길흉을 점치는 주역이 동양의 대세였다. 주역의 괘라는 것도 실상 천문으로부터 온 것이니 동양의 점술은 서양의 것보다 진일보한 것이라고 볼 수 있다. 천문에 인문을 더한 것이어서 그렇다. 그리고 주역의 괘에는 땅의 이치까지 살피고 있으므로 결국 동양의 시간 철학은 천-지-인 삼위일체의 조화와 그 변화(易)를 핵심으로 하였다.

하늘에는 하늘의 시간이 있다. 하늘은 낮의 길이가 가장 길 때 여름의 절정이지만 땅에서는 그렇지 않다. 지구는 자전축이 기울어져 열기와 냉기가 대류와 조류의 순환을 일으킨다. 생명이 자라고 죽는다. 목화토금수(木火土金水) 오행의 개입으로 시간 개념에 변화가 일어난다. 6월 21일 전후로 하지가 되면 태양이 가장 오래 떠 있으니 가장 뜨거운 여름이라고 하늘은 말한다. 그러나 땅에서는 이제 여름이 시작된다고 느낀다. 더구나 깊은 산속에는 아직 서늘한 기운이 가시지 않아 그 속에 살고 있는 사람에게는 여름이 멀게 느껴진다. 땅의 시간은 위치에 따라 지형에 따라 다르다. 생명체인 인간은 각자에게 각자의 시간이 존재한다. 더위를 타는 사람, 추위를 타는 사람, 기온이나 습도에 민감하거나 그렇지 않은 사람 등등 개인마다 다르게 느낀다. 시간이 흐르는 속도에 대한 느낌 즉 계절 변화의 주기에 대한 개념도 개인별로 다를 것이다. 한 개인도 처한 상황이나 환경의 변화에 따라서 시간의 흐름이 빨라졌다 느려졌다 한다. 심지어 무의식의 세계와 생체리듬까지 개입하여 개인의 시간을 지배한다.

이렇게 되면 '과연 시간이란 무엇인가?'까지 사고가 이르게 되고 물리학의 상대성이론과 양자역학까지 동원된다. 뒤에서 운(運)을 설명할 때 다시 논하겠다. 각설하고, 가장 비이성적이고 비합리적이라고 오해를 받는 사주 명리의 근본 배경은 가장 과학적인 사고체계를 가지고 있는 물리학과 맞닿아 있다. 사주 명리는 시간에 관한 관점을 합리적 기준인 하늘의 개념, 즉, 물리적 개념에 더해 지상의 모든 자연적 인공적 환경의 영향을 고려한 다음, 생로병사의 사이클을 가지고 있는 주체적이고 개인적인 한 인간의 생존 시간을 고려하여 논한다. 그리고 다시 명(命)과 운(運)이라는 개념에 대입하여 인간의 의지와 자연의 순리를 상호작용으로써 살핀다. 즉, 사주 명리는 한 개인의 운명을 이끄는 힘의 기원을 우주의 시간과 땅의 기운을 조화롭게 정리한 음양오행으로 이해하고 '주체적인' 개인이 그 힘의 방향과 세기를 조절하여 삶을 살아갈 수 있도록 하는 이론이다.

하늘의 시간과 땅의 시간 그리고 인간의 시간에 관한 이해를 하면, 그제야 우리는 순리대로 사는 것이 무엇인지 의지대로 사는 것이 무엇인지 알게 된다. 시간을 사는 것은 '나'다. 하늘도 내 위에 있어야 하늘이요 땅도 내가 딛고 있어야 땅이다. 남의 시간 안에서 살지 말고 나의 시간을 살도록 하자. 명과 운을 이해하고 나설 때와 물러날 때를 아는 것이 첫 단계이다. 어떤 사연으로 강 앞에 나섰건 간에 건널지 말지 어떻게 건널지 언제 건널지 고민하고 판단해 보자.

절기

사주를 세우는 기준이 되는 달력은 우리가 쓰는 양력이나 음력이 아닌 절기력이다. 이 역시 우주의 원리를 이용한 것이다.

절기(節氣)는 지구가 태양의 주위를 공전하는 궤도인 황도상 위치에 따라 계절적 구분을 하기 위해 만든 것이다. 황도에서 춘분점을 기점으로 15도 간격으로 점을 찍어 총 24개의 절기로 나타낸다. 지구가 운행하며 그 점을 지날 때마다 절(節)과 기(氣, 그 달의 중간에 있다고 하여 中氣라고 한다.)를 지나게 된다. 매월 초에 지나는 절을 12절기로 따로 구분해 그 첫째가 입춘이고 한 달 간격으로 경칩, 청명, 입하, 망종, 소서, 입추, 백로, 한로, 입동, 대설, 소한이 된다.

띠

한 해의 시작인 인월(寅月)은 입춘(立春)부터인데 음력으로는 1월쯤이고 양력으로는 2월 4일이나 5일 무렵이다. 따라서 음력 1월 1일부터가 한해의 즉, 띠의 시작이 아니라 입춘부터가 띠의 시작이다. 많은 사람이 혼란을 겪는 부분이다. 심지어 유명 소설가 중에도 이를 몰라 간혹 문학작품 속에서 잘못 쓰는 일도 있다. 음력 설이 지나고 입춘이 지나지 않은 때 태어난 사람의 경우 자기 띠를 잘못 알고 있는 경우가 많다. 설이 지났으니 띠가 바뀌었다고 잘못 알고 있는 경우가 꽤 많다는 말이다. 설날이 1월 30일이고 입춘이 2월 4일인데 생일이 2월 1일이면 아직 띠가 바뀐 것이 아니다. 만약 입춘이 2월 5일이고 설날이 2월 9일이면 2월 7일에 태어난 사람은 설날이 되지 않았지만 입춘이 지났으니 새로운 띠를 가지고 태어난 것이 된다. 사주를 보지 않으면 자기 띠를 잘못 알고 살다가 죽을 수도 있다.

명리에서는 봄이 시작되는 입춘부터 목왕절기(木旺節氣), 즉 목의 기운이 강한 계절로 보며, 그 계절에 해당하는 인묘진(寅卯辰)을 동(東)의 방합(方合)이라고 한다. 인(寅)은 목의 기운이 막 시작된 생지(生地)라고 하고 묘(卯)는 목의 기운이 가장 극대화된 왕지(旺地)라고 하며 진(辰)은 목의 기운을 다음 계절인 화(火)에게 넘기는 전환기인 고지(庫地)라고 한다. 봄 이전의 계절인 겨울을 땅에 묻어버림으로써 여름이 건강하게 올 수 있게 하는 역할을 한다.

사오미(巳午未)는 화왕절기(火旺節氣)이며 여름이고 남(南)의 방합(方合)이다. 사(巳)는 화의 기운이 생성되는 생지(生地)이고 오(午)는 화의 왕지(旺地), 미(未)는 이전의 봄을 땅에 묻고 화의 기운을 온전히 마무리하여 다음의 가을로 넘어가게 하는 고지(庫地)다. 신유술(申酉戌)은 서(西)의 방합(方合)이다. 계절로는 가을을 나타내고 금(金)을 나타낸다. 마찬가지로 신(申)이 생지, 유(酉)가 왕지, 술(戌)이 고지다. 해자축(亥子丑)은 북(北)의 방합(方合)이며 수(水)의 기운이다. 가을(金)에서 거두어들인 것을 저장하고 새로운 봄의 기운을 잉태시킨다. 해가 생지, 자가 왕지, 축이 고지다.

명리를 공부하고 분석하는 데 있어서 음양오행을 한순간도 놓치고 있으면 안 된다. 그래서 지지에 관해 먼저 슬쩍 언급했다. 지지는 음양과 오행을 아주 잘 드러내고 있고 계절성을 내포하고 있기 때문이다.

우리가 자정이라고 부르는 밤 12시는 음이 가장 충만한 시각이다. 자월(子月)이 음이 가장 충만한 동지를 품고 있는 것과 같다. 양(陽)이 충만한 시각은 정오(正午)다. 자정(子正)은 시각으로는 음(陰)의 극단이다. 방향으로는 북쪽을 가리키며 북은 수(水)의 기운이라고 했다. 정오는 남쪽을 가리키며 남은 화(火)의 기운이다. 계절로는 오월(午月), 양력으로 6월이 양의 기운이 가장 강한 때다. 하지가 양의 극점이다. 자월(子月), 양력으로 12월이 음의 기운이 가장 강한 때다. 동지가 음의 극점이다.

만세력의 활용

만세력은 절기를 기준으로 하여 만든 달력으로 이것으로 사주를 삼는다. 만세력을 어디에서 구할 수 있을까? 서점에 가면 된다. 시중에서 파는 만세력 책을 사면 육십갑자로 연월일시가 적힌 표가 수백 페이지 있다. 양력으로 찾을 수도 있고 음력으로 찾을 수도 있다. 그러니 사주를 알기 위해서는 양력이든 음력이든 자기가 태어난 정확한 연월일시를 알면 본인의 사주를 바로 찾을 수 있다.

만세력의 처음은 언제일까? 언제부터 시작되어서 지금까지 육십갑자가 계속 순환할까? 알려진 바는 없다. 다만, 아주 오래전 기원전 시절 중국의 한나라 무제 시대에 하늘의 별자리를 관측하며 사용했다는 기록이 있다. 그러나 그저 어느 날을 갑자일로 삼아 그날부터 만세력을 돌린 것이 아닐까 하는 추측만 할 뿐이다. 어쨌건 만세력은 아주 오래전 중국에서 만들어 지금까지 계속 돌아가고 있는 달력이다.

西紀 1921년 **辛酉** 檀紀 4254년

1월 (戊子) **己丑** (소한) 小寒 6日 05:34 大寒 20日

陽曆		1	2	3	4	5	6	7	8	9	10	11	12	13	14	15	16	17	18	19	20	21	22	23	24	25	26	27	28	29	30	31
요일		土	日	月	火	水	木	金	土	12	月	火	水	木	金	土	日	月	火	水	木	金	土	日	月	火	水	木	金	土	日	月
陰曆		23	24	25	26	27	28	29	30	1	2	3	4	5	6	7	8	9	10	11	12	13	14	15	16	17	18	19	20	21	22	23
日辰		甲	乙	丙	丁	戊	己	庚	辛	壬	癸	甲	乙	丙	丁	戊	己	庚	辛	壬	癸	甲	乙	丙	丁	戊	己	庚	辛	壬	癸	甲
		子	丑	寅	卯	辰	巳	午	未	申	酉	戌	亥	子	丑	寅	卯	辰	巳	午	未	申	酉	戌	亥	子	丑	寅	卯	辰	巳	午
大	男	2	1	1	1	1	小	10	9	9	9	8	8	8	7	7	7	6	6	6	5	5	5	4	4	4	3	3	3	2	2	2
運	女	八	九	九	九	十	寒	一	一	一	一	二	二	二	三	三	三	四	四	四	五	五	五	六	六	六	七	七	七	八	八	八

2월 (己丑) **庚寅** (입춘) 立春 4日 17:21 雨水 19日

陽曆		1	2	3	4	5	6	7	8	9	10	11	12	13	14	15	16	17	18	19	20	21	22	23	24	25	26	27	28			
요일		火	水	木	金	土	日	月	1	水	木	金	土	日	月	火	水	木	金	土	日	月	火	水	木	金	土	日	月			
陰曆		24	25	26	27	28	29	30	1	2	3	4	5	6	7	8	9	10	11	12	13	14	15	16	17	18	19	20	21			
日辰		乙	丙	丁	戊	己	庚	辛	壬	癸	甲	乙	丙	丁	戊	己	庚	辛	壬	癸	甲	乙	丙	丁	戊	己	庚	辛	壬			
		未	申	酉	戌	亥	子	丑	寅	卯	辰	巳	午	未	申	酉	戌	亥	子	丑	寅	卯	辰	巳	午	未	申	酉	戌			
大	男	1	1	1	立	1	1	1	1	2	2	2	3	3	3	4	4	4	5	5	5	6	6	6	7	7	7	8	8			
運	女	九	九	九	春	十	九	九	九	八	八	八	七	七	七	六	六	六	五	五	五	四	四	四	三	三	三	二	二			

3월 (庚寅) **辛卯** (경칩) 驚蟄 6日 11:46 春分 21日

陽曆		1	2	3	4	5	6	7	8	9	10	11	12	13	14	15	16	17	18	19	20	21	22	23	24	25	26	27	28	29	30	31
요일		火	水	木	金	土	日	月	火	水	2	金	土	日	月	火	水	木	金	土	日	月	火	水	木	金	土	日	月	火	水	木
陰曆		22	23	24	25	26	27	28	29	30	1	2	3	4	5	6	7	8	9	10	11	12	13	14	15	16	17	18	19	20	21	22
日辰		癸	甲	乙	丙	丁	戊	己	庚	辛	壬	癸	甲	乙	丙	丁	戊	己	庚	辛	壬	癸	甲	乙	丙	丁	戊	己	庚	辛	壬	癸
		亥	子	丑	寅	卯	辰	巳	午	未	申	酉	戌	亥	子	丑	寅	卯	辰	巳	午	未	申	酉	戌	亥	子	丑	寅	卯	辰	巳
大	男	8	9	9	9	10	驚	1	1	1	1	2	2	2	3	3	3	4	4	4	5	5	5	6	6	6	7	7	7	8	8	8
運	女	二	一	一	一	一	蟄	十	九	九	九	八	八	八	七	七	七	六	六	六	五	五	五	四	四	四	三	三	三	二	二	二

4월 (辛卯) **壬辰** (청명) 清明 5日 17:09 穀雨 21日

陽曆		1	2	3	4	5	6	7	8	9	10	11	12	13	14	15	16	17	18	19	20	21	22	23	24	25	26	27	28	29	30	
요일		金	土	日	月	火	水	木	3	土	日	月	火	水	木	金	土	日	月	火	水	木	金	土	日	月	火	水	木	金	土	
陰曆		23	24	25	26	27	28	29	1	2	3	4	5	6	7	8	9	10	11	12	13	14	15	16	17	18	19	20	21	22	23	
日辰		甲	乙	丙	丁	戊	己	庚	辛	壬	癸	甲	乙	丙	丁	戊	己	庚	辛	壬	癸	甲	乙	丙	丁	戊	己	庚	辛	壬	癸	
		午	未	申	酉	戌	亥	子	丑	寅	卯	辰	巳	午	未	申	酉	戌	亥	子	丑	寅	卯	辰	巳	午	未	申	酉	戌	亥	
大	男	9	9	9	10	清	1	1	1	1	2	2	2	3	3	3	4	4	4	5	5	5	6	6	6	7	7	7	8	8	8	
運	女	一	一	一	一	明	十	十	九	九	九	八	八	八	七	七	七	六	六	六	五	五	五	四	四	四	三	三	三	二	二	

5월 (壬辰) **癸巳** (입하) 立夏 6日 11:04 小滿 22日

陽曆		1	2	3	4	5	6	7	8	9	10	11	12	13	14	15	16	17	18	19	20	21	22	23	24	25	26	27	28	29	30	31
요일		日	月	火	水	木	金	土	4	月	火	水	木	金	土	日	月	火	水	木	金	土	日	月	火	水	木	金	土	日	月	火
陰曆		24	25	26	27	28	29	30	1	2	3	4	5	6	7	8	9	10	11	12	13	14	15	16	17	18	19	20	21	22	23	24
日辰		甲	乙	丙	丁	戊	己	庚	辛	壬	癸	甲	乙	丙	丁	戊	己	庚	辛	壬	癸	甲	乙	丙	丁	戊	己	庚	辛	壬	癸	甲
		子	丑	寅	卯	辰	巳	午	未	申	酉	戌	亥	子	丑	寅	卯	辰	巳	午	未	申	酉	戌	亥	子	丑	寅	卯	辰	巳	午
大	男	9	9	9	10	10	立	1	1	1	1	2	2	2	3	3	3	4	4	4	5	5	5	6	6	6	7	7	7	8	8	8
運	女	二	一	一	一	一	夏	十	十	九	九	九	八	八	八	七	七	七	六	六	六	五	五	五	四	四	四	三	三	三	二	二

6월 (癸巳) **甲午** (망종) 芒種 6日 15:42 夏至 22日

陽曆		1	2	3	4	5	6	7	8	9	10	11	12	13	14	15	16	17	18	19	20	21	22	23	24	25	26	27	28	29	30	
요일		水	木	金	土	日	5	火	水	木	金	土	日	月	火	水	木	金	土	日	月	火	水	木	金	土	日	月	火	水	木	
陰曆		25	26	27	28	29	1	2	3	4	5	6	7	8	9	10	11	12	13	14	15	16	17	18	19	20	21	22	23	24	25	
日辰		乙	丙	丁	戊	己	庚	辛	壬	癸	甲	乙	丙	丁	戊	己	庚	辛	壬	癸	甲	乙	丙	丁	戊	己	庚	辛	壬	癸	甲	
		未	申	酉	戌	亥	子	丑	寅	卯	辰	巳	午	未	申	酉	戌	亥	子	丑	寅	卯	辰	巳	午	未	申	酉	戌	亥	子	
大	男	9	9	9	10	10	芒	1	1	1	1	2	2	2	3	3	3	4	4	4	5	5	5	6	6	6	7	7	7	8	8	
運	女	二	一	一	一	一	種	十	十	十	九	九	九	八	八	八	七	七	七	六	六	六	五	五	五	四	四	四	三	三	三	

[예시만세력 – 자평만세력, 다산글방 편]

1921년 5월 17일 생의 명조를 보자. 우선 페이지 위에 신유(辛酉)라고 되어 있는데 태어난 연(年)의 연주(年柱)다. 신유년생이다. 5월을 보면 계사(癸巳)라고 쓰여있다. 입하(立夏)가 양력으로 5월 6일 11시 04분 이후라고 적혀있다. 그러므로 5월 6일 11시 4분 이후라야 계사월이다. 이분의 경우 17일 생이니 월은 계사(癸巳)이고 일은 경진(庚辰)이 된다. 시주(時柱)는 별도로 찾아야 한다. 뒤에서 설명한다.

요새는 스마트폰 어플로도 나와 있어 쉽게 찾을 수 있다. 무료 어플도 많다.

위의 입력창에 정보를 입력하고 조회하면 아래와 같은 형태로 만세력이 나온다.

양력	1921년 5월 17일	음력	1921년 4월 10일 평달

시	일	월	년
비견	비견	상관	겁재
庚	庚	癸	辛
辰	辰	巳	酉
편인	편인	편관	겁재
乙癸戊	乙癸戊	戊庚丙	庚辛
양	양	장생	제왕
화개살	화개살	겁살	연살

84	74	64	54	44	34	24	14	4
2004	1994	1984	1974	1964	1954	1944	1934	1924
甲	乙	丙	丁	戊	己	庚	辛	壬
申	酉	戌	亥	子	丑	寅	卯	辰

오른쪽부터 연(年)에 해당하는 기둥인 연주(年柱) 신유(辛酉)이며, 그 왼쪽 옆에 월주(月柱) 계사(癸巳), 그 옆에 일주(日柱) 경진(庚辰), 맨 오른쪽에 시주(時柱) 경진(庚辰)이다. (갑술만세력 무료 어플 사용)

대개 만세력 책에는 절기의 시작일을 구분하고 정확한 시각까지 표시한다. 그 시각을 기준으로 월이 바뀌는 것이다. 해당 월의 어느 날을 찾으면 연월일까지 쉽게 찾을 수 있다. 대운이 시작되는 나이 끝자리인 대운수까지 남녀별로 표시되어 있다. 그리고 만세력의 별지에 일주(日柱)를 기준으로 시주(時柱)를 찾는 표가 있으니 일까지 찾았으면 태어난 시에 해당하는 갑자를 찾을 수 있다. 그 표가 없다면 찾는 법이 따로 있다. 물론 어플을 쓰면 자동으로 찾아준다.

사주 세우기

사주는 연주(年柱), 월주(月柱), 일주(日柱), 시주(時柱)를 합하여 일컫는 말이다. 우리의 운명을 가르는 네 개의 기둥이고 그 기둥은 시간의 흐름이다. 태어난 해가 연주(年柱)가 되며, 그 해의 간지(干支)를 말하면 된다. 앞서 만세력의 예를 들어 1921년에 태어난 사람의 연주는 신유(辛酉)가 된다. 만세력의 1921년 첫 페이지를 펼치면 위에 신유년이라고 쓰여 있다. 월주(月柱)의 경우는 물론 만세력에서 찾으면 나오지만 자신이 태어난 연주를 활용해 몇월에 태어났는지 알면 그 천간을 구할 수 있다. 시주(時柱) 역시 일주(日柱)에서 찾을 수 있다.

월주(月柱) 찾는 법

월주는 연주의 천간을 활용하는 천간합을 이용해서 찾는다. 합에 관한 것은 뒤에서 설명한다. 예를 들면, 갑과 기가 합하여 토로 화하는데 그 토를 생하는 오행의 양의 글자를 찾으면 된다. 즉, 갑(甲)이나 기(己)가 연간인 사람은 토를 생하는 화(火)의 양간(陽干)인 병(丙)으로부터 월주가 시작된다. 1921년 신유년의 경우를 생각해보자. 신유년의 사(巳)월에 태어난 사람이라면, 신(辛)은 병(丙)과 합하여 수(水) 오행으로 화한다. 그 수를 생(生)하는 오행은 금이고 금의 양에 해당하는 천간의 글자는 경(庚)이니 경으로부터 시작한다. 그런데 월은 인월(寅月)부터 시작한다. 즉, 병(丙)이나 신(辛)년에 태어난 사람의 월주는 경인월(庚寅月)부터 월이 돌아간다. 그러므로 경인, 신묘, 임진, 계사, 갑오, 을미, 병신, 정유, 무술, 기해가 된다. 사(巳)월생이라면 계사(癸巳)월이 된다. 일일이 이렇게 찾을 수는 없다. 만세력을 열면 해결된다.

시주(時柱) 찾는 법

시주는 일주의 천간을 활용하여 찾는다. 일간과 천간합(天干合)을 이루는 글자가 합으로 화(化)하는 오행을 극(剋)하는 오행의 양의 글자로부터 돌아간다. 합과 극의 개념, 합화(合化)의 개념은 추후 설명할 것이다. 시주를 찾기 위해 합과 생, 극의 개념이 동원된다는 것만 알자. 갑(甲)과 기(己)는 합하여 토(土)가 되고 토를 극하는 오행은 목(木)이다. 그리고 목의 양의 글자인 갑부터 시작한다. 시(時)는 자시(子時)부터 돌아간다. 즉 갑자시가 시작된다. 어렵지만 그냥 알고 있으면 된다. 만세력이 알아서 계산해서 알려준다. 예를 들어 일간(日干)이 경(庚)인 사람이 오전 8시에 태어났으면 진(辰)시가 되는데, 경은 을(乙)과 합하여 금(金) 오행으로 화하고 금을 극하는 오행은 화(火)이고 양의 화는 천간에서 병(丙)이 된다. 병자시(丙子時)부터 시작한다는 말이다. 병자, 정축, 무인, 기묘, 경진, 신사, 임오, 계미, 갑신, 을유, 병술, 정해, 무자로 돌아간다. 그러니 경일간인 사람이 진시에 태어났다면 경진시에 태어난 것이다. 시주를 정하는 메커니즘이다. 만세력 책을 펼치면 앞부분에 별지로 정리가 되어 있고 어플을 쓰면 알아서 결과값을 준다.

시간(時間)에 관해 염두에 두어야 하는 사항

사주 중에서 시(時)와 관련해서는 고려해야 하는 사안이 세 가지가 더 있다.

첫째, 우리나라의 표준시간대는 일본 동경시를 쓰고 있다. 잘 아는 대로 우리나라는 일본 동경보다 약 30분이 늦다. 그러므로 시주 간지도 30분 늦은 시간대부터 적용한다. 예를 들면, 일본이 밤 11시라면 우리나라는 아직 10시 반이다. 그러므로 어떤 사람이 우리나라에서 밤 11시에 태어났다면 실제로는 아직 11시가 아니라는 뜻이고 30분의 차이가 난다. 명리 이론상 원래는 밤 11시부터 새벽 1시를 자시(子時)로 봐야 하지만 우리나라에서 태어난 사람은 시간을 달리 적용한다. 11시 반이 되어야 실제 자시가 되는 것이고 새벽 1시 반, 정확히는 1시 29분까지가 자시가 된다.

둘째로는, 야자시(夜子時)와 조자시(早子時)라는 개념이다. 실제로는 깊이 들어갈 필요가 없어 여기에서도 간단히만 소개한다. 자시(子時)와 관련한 것인데, 자시가 밤 11시 30분부터 다음날 새벽 1시 29분까지니 다소 헷갈릴 수 있다. 예를 들어 5월 29일의 밤 11시 40분에 태어난 사람이 있다고 가정하자. 그 사람의 사주를 찾을 때 만세력을 뒤져 5월 29일에 해당하는 월주와 일주를 찾은 다음 그 일주에 해당하는 자시를 찾는다면 어떻게 될까? 그리고 5월 16일에서 5월 17일로 넘어간 다음의 밤 12시 30분에 태어난 사람의 일주와 시주는 어떻게 될까? 이 두 가지 사례를 달리 보는 사람들이 있다. 밤 12시 이전이면 그 전날의 일주를 택하고 그 일주의 자시를 적용하고, 밤 12시 이후의 자시에 태어났다면 넘어간 그날의 일주를 택하고 그 일주의 자시를 적용하는 사람들도 있다는 말이다. 그러나 대다수는 자시는 새로운 하루의 시작이므로 넘어간 다음 날의 일주를 택하고 그 일주의 시작인 자시를 찾는다. 밤 11시 반에서 12시 사이에 태어난 사람도 그다음 날의 일주가 자신의 일주가 된다.

마지막 세 번째 고려사항은 섬머타임 (Summer Time, Daylight Saving Time)이다. 우리나라에서도 이 제도가 시행되었던 때가 있다. 1948년부터 1951년, 1955년부터 1960년까지 그리고 1987년과 1988년에 시행했다. 문제는 시행됐던 해마다 시작일과 종료일이 모두 달랐다는 점이다. 게다가 1950년대에는 이승만 대통령이 일제 잔재를 청산한다는 명목으로 실제 우리나라의 시간으로 돌려놓았다. 즉 일본보다 30분 늦은 시간대를 적용했다. 그랬다가 박정희 정권이 들어선 이후 여러 편의성을 고려하여 다시 동경시간대로 돌려놓았다. 복잡한 것이 한둘이 아니다. 그러므로 이때 태어난 많은 사람의 시주는 정확하지 않을 가능성이 높다. 해당 연도의 봄부터 가을에 태어난 사람의 사주를 볼 때는 태어난 시간에 오류가 있을 가능성을 고려해야 한다.

시간에 관한 이론적 배경을 설명했다. 음과 양, 그리고 시간이 가지는 오행의 의미를 파악하고 명리를 대하여야 한다. 명리는 계절의 학문이고 우리의 운명은 그 계절을 통과하면서 변화를 일으킨다. 명리는 그래서 변화를 대하는 학문이다.

時干	日干	月干	年干
乙	乙	癸	辛
酉	卯	巳	亥
時支	日支	月支	年支

어떤 사람의 사주가 위와 같다고 하자. 1971. 05. 30(양력) 유시(오후 5시 30분에서 7시 29분 사이)에 태어난 사람이다. 당시에는 섬머타임이 없었다.

그림에서 보는 바와 같이 맨 오른쪽 간지 신해(辛亥)가 이 사람의 연주(年柱)다. 그리고 왼쪽으로 차례로 월주 계사(癸巳), 일주 을묘(乙卯), 시주 을유(乙酉)가 된다. 일간(日干) 을목은 '나'를 상징하는 자리이고 월지 계사는 이 사람이 쓰는 격(格)이라는 것이 된다. 모든 사주의 관계가 일간을 중심으로 돌아간다. 일주(日柱)는 사주 네 기둥 중에서 가장 중요한 기둥이다. 바로 주체성을 나타내는 자리가 된다. 그래서 사주를 잘 모르는 사람도 자기 일주가 무엇인지 아는 경우가 많다. “나는 을묘 일주인데, 너는 갑자 일주로구나.”하면서, 혈액형 물어보듯 한다.

근묘화실(根苗花實)

사주의 네 기둥을 모두 세웠으면 그 기둥이 가지고 있는 의미나 역할을 생각해 볼 필요가 있다. 흔히 태어난 해를 가리키는 연주(年柱)는 조상 자리, 월주(月柱)는 부모 자리, 일주(日柱)는 자기 자신, 시주(時柱)는 자식 자리라고 알고 있다. 당사주 체계에서 나온 개념이지만 일반적인 현대 사주 명리에서도 호환 통용된다. 연주(年柱)는 내가 태어난 것은 조상의 일이라는 의미다. 부모가 나를 낳았지만 내가 태어난 사건 자체는 우주와 조상이 온 뜻을 모아서 한 일이지 부모가 한 일은 아니라는 의미다. 월주(月柱)로 넘어와서야 부모에 의해 내가 자라고 배운다. 내가 태어난 엄청난 사건을 월주인 부모가 하였으므로 나의 격(格), 나의 쓰임새는 부모가 결정한 것이다. 월주 중 월지(月支)가 품는 지장간, 즉 지지가 품고 있는 천간의 기운으로 나의 기본 기세는 결정된다. 배움이 끝나고 장성하여 가정을 이룬 뒤로 일주(日柱)의 시간이 되면 비로소 나는 주체적으로 살아간다. 그리고 그 치열한 시간이 흐른 뒤에 시주(時柱)의 때가 되면 자식에게 의지해야 한다. 이러한 시간의 흐름에 따른 사주 네 기둥의 역할을 꽃이 피고 지는 모습으로 형상화한 것이 근묘화실이라는 것이다. 이에 보다 철학적으로 의미를 붙인 것이 바로 원형이정(元亨利貞)이라는 것이다. (주역의 개념이지만 빌려왔다.)

근묘화실이 조상-부모-나(배우자)-자식, 그리고 초년, 청년, 장년, 노년으로 구분하여 사주를 해석하기에 편하게 만든 개념이라면, 원형이정은 우주의 기운이 모여 음이 양으로 변화하여 나를 잉태하고(元) 근원으로 삼으니 초년의 삶이고, 자라며 좌충우돌하고 배우며 성장하여 이치에 통달(亨)하니 그로 인하여 성장기 청년의 삶이 되는 것이며, 스스로가 세상에서 결과를 취하며 자리를 차지하는 등의 자기 역할이 주어지는 스스로를 이롭게(利) 하는 시기가 장년의 삶이고, 무엇이 바른 것인지 성심(貞)이란 어떤 것인지 알고 그것을 후세에 남기고자 하는 마음이 생기는 시기가 노년이라는 이론이다. 같은 말이다.

근묘화실(또는 원형이정)을 실제 사주를 볼 때 어떻게 활용할까? 대개는 지지(地支)를 중심으로 보는데, 연지, 월지, 일지, 시지를 가족으로 따지면 조상, 부모, 배우자, 자식의 자리 그리고 초년, 청년, 장년, 노년으로 보며 형충회합(刑沖會合)이나 십성(十星)의 양태, 신살을 복합적으로 분석하고 해석한다. 정해진 공식은 없다. 각자의 관법에 따라 해석하면 된다. 앞으로 배울 사주의 모든 이론은 사주 네 기둥에 새겨진 여덟 글자를 해석하기 위한 도구들이다. 도구를 잘 쓰기 위해 기본적인 배경부터 하나씩 익혀가자.

오행의 변화

오행(五行)

우주의 변화는 음양오행으로써 작동한다. 오행은 목(木), 화(火), 토(土), 금(金), 수(水)로 순환하는 기운이다. 목화토금수는 당연히 태양계의 목성, 화성, 토성, 금성, 수성에서 따왔고 고대인들도 이를 차용하여 요일을 붙이기도 하면서 중요한 상징으로 삼았다. 참고로 서양에서는 목화토금수를 Five Elements, 즉 '5요소'라고 부르고 물질로써의 의미만 강조하는데, 동양에서는 오행(五行)이라 부르면서 그 요소들이 시간의 흐름에 따라 변화하면서(行) 우리 인생에 영향을 미치는 지점을 중요하게 보았다.

목(木)은 나무가 아니다.
'나무'처럼 묻혀 있다가 최초로 뚫고 나오는 샘솟고 상승하는 기운이다.
화(火)는 불이 아니다.
'불'처럼 퍼져 나가면서 강렬하고 넓게 비추고 베푸는 기운이다.
금(金)은 쇠가 아니다.
'쇠'처럼 단단하고 냉정한 기운이다.

수(水)는 물이 아니다.
'물'처럼 포용성이 있고 스스로 변화하는 기운이다.
토(土)는 흙이 아니다.
'흙'처럼 변화하지 않지만, 변화를 끌어내는 기운이다.

토의 역할은 나머지 사행(四行)과 다르다. 그 토의 역할로 인해 사주 명리가 변화무쌍해지고 다양해진다. 철학적 깊이가 생기게 되었다. 토는 각 사행이 다른 기운으로 넘어갈 때의 다리가 되기도 하며(수동성) 각 사행의 기운을 품고 다른 기운으로 넘겨주기도 하는(능동성) 복잡한 역할을 한다.

우리 조상들은 오행의 기운을 일상에서 상징화하며 살았다. 오방색이라고 하는 청색(木), 적색(火), 황색(土), 백색(金), 흑색(水)을 썼고, 방위를 잡을 때도 오행을 활용하여 동쪽(木), 남쪽(火), 중앙(土), 서쪽(金), 북쪽(水)을 썼다. 음양오행은 우리 역사를 관통하며 우리 삶에 뿌리내리고 있는 기본적인 철학이다.

인의예지신(仁義禮智信)과 같은 오상(五常)도 오행의 개념이다. 인(仁)은 목(木)이고 동쪽이라 동대문을 흥인문이라 했고, 의(義)는 금(金)이고 서쪽이다. 지금은 없어진 돈의문이 서대문이다. 예(禮)는 화(火)이고 남쪽이라 남대문을 숭례문이라 하는 것이다. 지(智)는 수(水)이고 북쪽이다. 그래서 정도전이 서울의 북대문으로 홍지문(弘智門)을 계획했다고 한다. 그러나 권력가였던 사대부들이 백성들이 지혜로워지면, 옳고 그름을 알게 되고 그러면 권력을 이어 나가기 어려울 수 있다는 이유로 반대하여 이름을 달리해(숙정문이라 했다.) 북대문으로 삼았다고 한다. 물론 숙종 때 홍지문이라 개명했지만, 일제강점기 때 없어졌다고 한다. 화(火)가 양의 극단이라면 수(水)는 음(陰)의 극단이라 홍지문이 있을 때도 열어 놓으면 여성들의 음기가 강해진다고 하여 늘 닫아두었다고 한다. 유교 사회가 얼마나 미개했는지 알 수 있는 대목이다. 신(信)은 토(土)이고 중앙이라 서울 한복판에 보신각을 세웠다.

토(土)는 양(陽)의 구간인 목화와 음(陰)의 구간인 금수 사이의 균형을 맞추는 에너지다. 토가 없으면 음양의 구분이 없는 것이고 옳고 그름을 분간하는 능력이 떨어지며 정신과 육체를 통제하지 못한다. 토는 오행의 완충작용을 하며 생과 사를 동시에 품는다. 목은 화를 보고 성장하고 번성하며 금의 열매를 맺고 수에 저장하고 소멸한다. 목이 발아하는 지점이 토고 수가 들어가는 곳이 토다. 천간(天干)이 양이고 지지(地支)가 음이라고 보았을 때 천간은 화를 보고 지지는 수를 보는 것이 좋다. 그 경계 또한 토다.

토가 과하면 생명의 에너지가 제 역할을 못 한다. 즉 사행(四行) 모두 매몰된다. 연애를 해도 설렘이 없고 성욕이 없게 된다. 열정도 사라지고 결단력이 부족해진다. 특히 화가 강하고 건조한 조토(燥土)로 구성된 사주는 생명체로서의 활기가 매우 떨어진다. 열대 사막을 떠올리면 된다.

천간과 지지의 상징을 보자. 천간은 오행에 음양을 배속해 5 곱하기 2, 즉 10으로 열 글자가 있다. 천간에는 계절이 강하게 부여되지 않는다. 목의 기운을 가진 양을 글자와 음의 글자인 갑(甲)과 을(乙), 화의 기운을 가진 양의 글자와 음의 글자인 병(丙)과 정(丁), 토의 기운을 가진 양의 글자와 음의 글자인 무(戊)와 기(己), 금의 기운을 가진 양의 글자와 음의 글자인 경(庚)과 신(辛) 그리고 수의 기운을 가진 양의 글자와 음의 글자인 임(壬)과 계(癸). 천간은 모두 10글자다.

지지는 음양오행에 계절성을 보탠다. 보통은 자(子)부터 시작하지만, 사주를 공부하는 사람들은 계절을 중심에 두기 때문에 인(寅)부터 시작한다. 앞서 말했듯 인월(寅月)의 입춘부터 새로운 봄의 기운이 싹트고 새해가 되기 때문이다.

목의 기운이자 봄의 기운을 가진 글자는 양의 글자 인(寅)과 음의 글자 묘(卯)가 있다. 그리고 다음의 계절인 여름으로 기운을 넘겨주는 토의 글자인 진(辰)이 있다. 진(辰)은 봄의 기운을 드러낸 글자이며 동시에 그 봄이 제 역할을 하도록 겨울의 기운을 묻고 있다.

화의 기운이자 여름의 기운을 가진 글자는 양의 글자 사(巳)와 음의 글자 오(午)가 있다. 그리고 다음의 계절인 가을로 기운을 넘겨주는 토의 글자인 미(未)가 있다. 미(未)는 여름의 기운을 드러낸 글자이며 동시에 그 여름이 제 역할을 하도록 봄의 기운을 묻고 있다.

금의 기운이자 가을의 기운을 가진 글자는 양의 글자 신(申)과 음의 글자 유(酉)가 있다. 그리고 다음의 계절인 겨울로 기운을 넘겨주는 토의 글자인 술(戌)이 있다. 술(戌)은 가을의 기운을 드러낸 글자이며 동시에 그 가을이 제 역할을 할 수 있도록 이전의 계절인 여름을 가두고 있다.

수의 기운이자 겨울의 기운을 가진 글자는 양의 글자 해(亥)와 음의 글자 자(子)가 있다. 그리고 다음의 계절인 봄으로 기운을 넘겨주는 토의 글자인 축(丑)이 있다.

이 열두 글자에는 동물이 배속되어 연(年)의 지지인 연지(年支)로 쓰이면 '띠'가 된다. 자(쥐), 축(소), 인(호랑이), 묘(토끼), 진(용), 사(뱀), 오(말), 미(양), 신(원숭이), 유(닭), 술(개), 해(돼지)다. 참고할 것은, "자축인묘…" 이렇게 순서를 따지며 시작할 때 양-음-양-음이 번갈아 돌아가는데, 앞서 말한 인묘진, 사오미 이렇게 계절로 돌릴 때와 다를 수가 있다. 화(火)의 경우, 사(巳)는 양이고 오(午)는 음이 되는데, 자축인묘…로 음양을 돌리면 사는 음이 되고 오는 양이 된다. 계절로 묶는 경우와 12지지를 순서대로 돌리는 경우가 다르다는 말이다. 토(土)가 중간에 있어서 이런 변화가 생기는 것이다. 해(亥)와 자(子)도 마찬가지다. 계절로 돌리면 해는 양이고 자는 음인데, 12지지를 순서대로 돌리면 자는 양이고 해는 음이 된다. 이를 두고 체(體)와 용(用)으로 설명하기도 한다. 계절로 묶어서 토를 배제하고 양과 음을 배속하는 것을 체(體)로 보고 실제 12지지를 순서대로 돌리는 일을 용(用)으로 본다. 쉽게 말하면 오행의 에너지적 관점에서 사(巳)와 오(午), 그리고 해(亥)와 자(子)를 양과 음으로 보지만, 실제 12지지를 사용하는데 있어서는 사는 음으로 오는 양으로 해를 음으로 본다는 말이다. 그러나 그저 그렇다고 알고만 있으면 된다. 실제로는 사(巳)는 양의 화이고 오(午)는 음의 화라 여기면 그만이고 해(亥)는 양의 수이고 자(子)는 음의 수라고 보면 그만이다. 육십갑자가 천간에 양이 오면 지지에도 양의 글자가 매칭되어야 한다는 생각 때문에 일이 복잡해진 것이다. 그래야 사주 여덟 글자가 모두 양의 글자인 양팔통(陽八通) 사주니 반대의 경우인 음팔통(陰八通) 사주니 하는 말이 성립되기 때문이다.

오행의 생(生)과 극(剋)

목은 시작하려는 에너지고 화는 펼치려는 에너지다. 물상(物象)으로 보면 나무를 땔감으로 하여 불을 피우는 것으로, 목이 화를 생한다고 볼 수도 있지만, 이는 화의 관점에서 보는 것이다. 화가 목으로 인하여 생을 받는다는 뜻이다. 그러나 나무가 태양을 지향한다는 쪽으로 보면 이야기는 달라진다. 주체가 목이 된다. 그러면 목과 화는 서로 생하는 개념이 될 수 있다. 이런 식으로 오행은 상생한다.

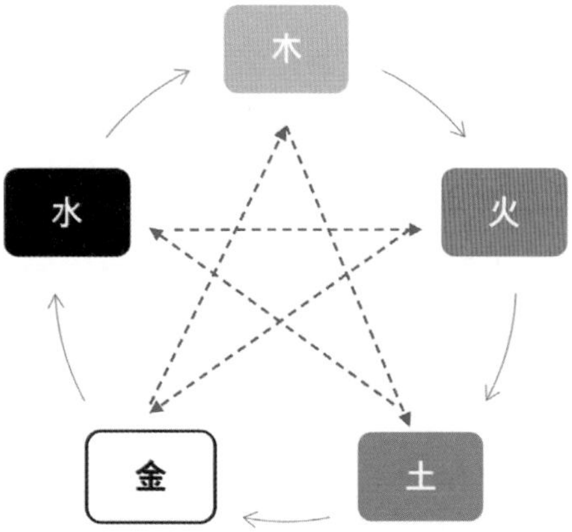

이야기를 더 이으면 목의 지향점은 화라는 것이고 목과 화를 둘로만 보면 목은 화의 음이 되니 음양의 조화를 이루려는 것으로 볼 수 있다. 목은 화를 보고 계속해서 위로 뻗치고 옆으로 펼쳐진다. 화가 없는 목은 갈 곳을 모른다. 어디로 갈지 정하지 않은 채 차의 시

동을 거는 것과 같다. 수(水)의 영역에서 깨어나 토(土)를 뚫고 수직으로 상승하는 기운의 목은, 화라는 지향점을 가지고 있어야 한다는 의미다.

이런 식으로 화(火)는 토(土)를 생하고 토 역시 화를 품으며 하니 이 또한 화와 토가 상생한다. 토와 금, 금과 수 역시 마찬가지다. 오행은 목-화-토-금-수 그리고 다시 목-화… 이런 식으로 생을 반복한다. 목생화, 화생토, 토생금, 금생수, 수생목으로 순환한다.

극(剋)이라는 개념도 있다. 생과 달리 상대를 제압하고 취하려는 기운이다. 목은 토를 극하고, 토는 수를 극하고, 수는 화를 극하며, 화는 금을 극하고, 금은 목을 극한다. 특히 극의 경우 음양이 같은 경우에 더 강하게 작용한다. 천간의 경우, 예를 들어 금이 목을 극하는 경우, 양의 금인 경(庚)이 양의 목인 갑(甲)을 극한다. 이를 갑경충(甲庚沖)이라 하기도 하는데, 엄밀히 말하면 경이 갑을 극하는 것이다. 그런데 양의 금인 경은 음의 목인 을(乙)과 극을 하는 것이 아니라 오히려 합(合)이라는 것을 한다. 같은 오행이라도 음양에 따라 어떤 경우에는 극을 하고 어떤 경우에는 합을 한다.

지지(地支)에서는 생(生)보다는 합(合)을, 극(剋)보다는 충(沖)을 위주로 본다. 천간의 기운이 작동하는 매커니즘과 지지의 기운이 작용하는 이치는 다르다. 천간은 음양이 중심이 되어 오행이 작동하는데 지지에서는 음양도 기초적인 본질로서 작용하지만 각 글자의 성질이 더 중요하다. 다음 장에서 설명하겠다.

서론이 길었지만, 사주 명리를 배우는 기본자세와 철학적 배경을 알아야 하기에 설명했다. 우리가 아는 사주는 매우 무지한 시대에 기득권을 가진 자들에 의해 왜곡된 이후에 그 잘못된 학설이 더욱 증폭되면서 내려온 것이 사실이다. 신분제를 공고히 하기 위해, 남녀의 차별을 더욱 심화시키기 위해 부역했다. 유교의 단점을 극복하려는 것이 아니라 더욱 강화하기 위해 동원된 것이다. 그러나 사주 명리의 근간이 되는 음양오행 사상은 만인이 평등하고, 평등한 모든 인간이 겸손하게 우주의 섭리를 따라 살아가야 한다는 큰 사상이다.

사주 명리는 지극히 개인주의적인 관점으로 보아야 하는데, 왜곡된 유교적인 관점으로 보면서 잘못 해석하고 미신처럼 그 위상을 땅에 떨어뜨렸다. 조선시대가 말아먹은 것이 이 나라만이 아니라 이 나라 사람들의 사상과 신념도 있다. 이제 제대로 공부할 때가 되었다. 이제 '나'를 중심으로 사주를 공부할 때이다. 유교적 틀 안에 있는 내가 아니라 독립적 존재로서 내가 인식할 때 대상은 존재하며 나는 그 자체로서 존재한다고 선언하면서 사주를 공부하자.

천간(天干)과 지지(地支) – 천지인의 기호학

천간

천간과 지지의 글자는 명리의 논리를 표현하기 위한 기호다. 하늘의 기운이자 전반적인 기(氣)를 표현하는 천간(天干) 열 글자가 있고, 땅의 기운이자 현실의 환경을 나타내는 지지(地支) 열두 글자가 있다. 그리고 지지에는 하늘의 기운을 내포하고 있는데 이를 지장간(地藏干)이라 한다.

천간(天干) 또는 십간(十干)은 지지와 함께 간지를 이룬다.
열 개의 글자는 갑(甲), 을(乙), 병(丙), 정(丁), 무(戊), 기(己), 경(庚), 신(辛), 임(壬), 계(癸)다.
지지(地支)의 열두 글자는 자(子), 축(丑), 인(寅), 묘(卯), 진(辰), 사(巳), 오(午), 미(未), 신(申), 유(酉), 술(戌), 해(亥)다.

우선 천간의 글자부터 보자. 기본적인 에너지는 아래와 같다.

갑(甲) 양목(陽木)
막 생기기 시작해 위로 뻗쳐오르려는 기운이다. 진취적이며 의지가 강하다.

을(乙) 음목(陰木)
펼치는 생성의 에너지다. 화의 기운으로 넘겨야 한다. 유연하고 생명력이 강하다. 전체보다는 개인을 중시한다.

병(丙) 양화(陽火)
발산의 기운이 본격화되는 에너지다. 만물을 비추려는 경향이 있다. 명랑하고 예의가 바르다. 도전적이며 종종 좌충우돌한다.

정(丁) 음화(陰火)
양의 정점이며 뜨거운 기운이다. 만물의 물성을 변화시킨다. 외유내강을 상징한다. 참모(2인자)의 성격이다.

무(戊) 양토(陽土)
무한히 넓은 땅이자 척박한 땅의 모습을 떠올리면 된다. 확장의 기운이다. 배포가 크나 허풍도 세다. 행동력이 강하다. 지지에서 충이 생기면 흔들린다.

기(己) 음토(陰土)
음기가 시작된다. 열매를 키우고 저장할 수 있는 밭으로 생각하면 된다. 자기관리를 잘한다. 타인의 감정을 잘 헤아린다. 활동범위가 좁다.

경(庚) 양금(양金)
뚜렷하게 음(陰)의 영역에 들어선다. 큰 바위 큰 쇠로 비유된다. 수렴의 운동을 한다. 질서와 원칙을 중요하게 여긴다. 결과를 중시한다. 변수 대응에 약하다.

신(辛) 음금(陰金)
열매를 떨어뜨리는 강한 음의 기운이다. 작고 예리한 칼과 같다.

섬세하고 예민하다. 사고가 치밀하고 언변이 좋다. 신경질적이며 냉소적이다.

임(壬) 양수(陽水)

모아서 가두는 기운이다. 속이 보이지 않는 깊은 물처럼 검고 그 속을 알 수 없다. 상상력이 뛰어나다. 부드러운 리더십을 가진다. 음탕하다.

계(癸) 음수(陰水)

흐르는 물에 비유한다. 내리는 비라고 보기도 한다. 음이 극대화되어 양으로 넘어갈 양기를 품고 있다. 여리고 온화하며 지혜롭다. 의심이 많고 우울해질 수 있다.

일간(日干) - 나의 DNA

사주의 네 기둥 중에서 일주(日柱)는 자기 자신을 표상한다. 앞서 근묘화실(원형이정)에서 설명한 것과 같이, 태어난 해인 연주(年柱)는 전반적 환경이나 조상, 태어난 월인 월주(月柱)는 자신의 성향이나 사회적 관계를 맺는 기준 그리고 부모형제, 태어난 일인 일주(日柱)는 자기 자신이 어떤 심리적 상태로 의사결정을 하는지 또는 배우자와 관련된 자리, 태어난 시인 시주(時柱)는 자신의 은밀한 프라이버시의 영역 또는 자식과 관련된 기둥이다. 때로는 연주는 유소년기, 월주는 청년기, 일주는 장년기, 시주는 노년기로 보고 삶의 궤적을 살피기도 한다.

우선 자기 자신에게 있어서 가장 중요한 것은 일주이며, 그 일주의 천간인 일간(日干)이 바로 나 자신을 상징한다. 일간은 당연히 천간 열 글자 중 하나이고, 우리는 그 글자를 가지고 태어난다. 사주팔자 중 나머지 일곱 글자의 배치에 따라 많이 달라지지만 한 사람의 기본적인 성향은 그 사람의 일간으로 드러난다.

갑(甲)이 일간인 사람은 강한 의지가 있거나 도전을 두려워하지 않는다. 물론 단점은 타인의 감정에 대한 배려가 없거나 자신을 낮추어 남에게 맞추지 못한다는 점이다.

을(乙) 일간인 사람은 기본적으로 유연하다. 질기고 개인적인 성향이 있다. 갑과 을 모두 목의 기운이기 때문에 나아가는 기운이지

수용하는 기운은 아니다. 그러므로 개성을 중시한다고 볼 수 있다. 조직과의 융화가 중요한 사람들이 아니다.

병(丙) 일간인 사람은 양의 기운이 극대화되어 있어 이리저리 발산하려는 성질이 있어 명랑하나 좌충우돌하며 독불장군 같은 성향을 보인다. 그러나 밝음의 반대편에는 어둠이 있음을 명심해야 한다.

정(丁)의 경우에는 화의 기운 중에서 음의 영역이라 겉으로 드러내지 않는 내면의 강인함을 가지고 있다. 병과 달리 격식을 중요하게 생각하고 나서지 않는다. 그러면서 변화를 추구하는 사람들이다.

무(戊)를 일간으로 쓰는 사람들은 배포가 크다. 무토는 양의 토로 무한한 가능성을 의미한다. 그만큼 허풍이 있고 실속은 없다.

기(己)의 경우는 생명의 토대가 되는 장소로서의 의미가 있다. 타인의 감정을 잘 헤아리는데, 스스로는 활동폭이 좁다는 단점이 있다.

경(庚)은 가장 단단한 속성을 가지고 있다. 양의 금으로써 원칙을 중시한다. 결과 중심적 생각을 하고 변화에 유연하게 대응하지 못하는 단점이 있다.

신(辛)은 예민하고 섬세하다. 디테일에 강한 사람들이다. 그러나 신경질적이고 냉소적일 수 있다.

수(水)의 기운은 지혜로 상징된다. 양의 수인 임(壬)은 상상력이 뛰어나고 속이 깊다. 수는 생식의 기운을 뜻하기도 한다. 그래서 다른 글자와의 배합에 따라 음란한 기운이 강해질 수 있다.

계(癸)는 음의 끝에 있는 글자다. 명리에서 끝에 있다는 것은 곧 시작을 준비한다는 뜻도 된다. 계는 그러한 기운을 가지고 있다. 지혜롭고 여리다. 그러나 심리적으로 우울한 상태가 빈번할 수 있다.

천간의 글자나 지지의 글자나 음양과 오행을 표시하는 기호이다. 우리는 특히 오행의 관점으로 글자들을 보는 것이 편하므로 각 글자 뒤에 오행을 붙여 말하기도 한다. 예를 들어 갑(甲)을 갑목(甲木)이라 하고 계(癸)를 계수(癸水)라 한다. 지지도 마찬가지다. 인(寅)을 인목(寅木)이라 하고 자(子)를 자수(子水)라 하는 식이다.

지지(地支) – 계절의 역동성

천간에 비해 상대적으로 음(陰)의 기운이다. 지지는 현실의 세계를 표현한다. 계절, 환경 등의 변화를 표시하고 물질적인 의미가 강하다. 지지 중에는 월지(月支)가 사주 전반의 계절을 정한다. 태어난 달이기 때문이다. 또한, 자신이 사회생활을 하면서 사용하게 되는 용신(用神)이라는 것도 월지에서 도출된다. 그러므로 일간과 더불어 가장 중요한 글자는 월지다.

지지 열두 글자의 특징을 알아보자.

자(子) 음수(陰水) 쥐

계절로는 겨울이며 12월 초 대설부터 1월 초 소한 전까지다. 시간으로는 밤 11시 30분부터 두 시간이고 방향은 수의 기운이니 북쪽이다. 명리에서는 끝은 시작을 내포한다고 했다. 자수(子水)는 음의 수이니 음의 가장 끝인 지점인데 일양시생(一陽始生)의 포인트가 된다. 즉, 가장 바닥에 있는 지점이니 앞으로는 상승의 기운만 있는 것이다.

축(丑) 음토(陰土) 소

계절로는 겨울이고 1월 초 소한부터 2월 초 입춘 전까지다. 시간으로는 새벽 1시 반부터 두 시간이다. 실질적으로 가장 추운 지점이다. 자수처럼 일양이 시생하는 곳도 아니다. 생명이 자랄 수 없는 한랭한 때이지만 인간의 힘으로 봄을 위해 씨를 준비해야 하는 때다. 성실이 키워드다. 내향성이 강하고 보수적인 성향 또한 강하다.

인(寅) 양목(陽木) 호랑이

계절로는 봄이고 2월 초 입춘부터 3월 초 경칩 전까지다. 새벽 3시 반부터 두 시간의 시기이고 봄이라고는 하지만 아직 겨울이다. 현대와 달리 고대에는 계절을 일찍 살았다. 입춘이 지나면 농사를 준비한다. 그러므로 봄이다. 꽃이 피어야 봄이 아니라 꽃을 희망하면 봄이다.

묘(卯) 음목(陰木) 토끼

계절로는 비로소 봄이다. 3월 초 경칩부터 4월 초 청명 전까지다. 한창 바삐 움직일 때다. 부지런하고 환경의 변화에 잘 대응한다. 천간의 목 기운과 대응하는 지지의 목 기운이다. 사주를 이루는 천간 지지 총 스물두 글자 중에서 유일하게 가운데가 떨어져 나뉘어 있다. 그래서 고대 사주에서는 천파성으로 구분하여 몸을 한번 가르는 수술을 하거나 재산을 잘 모으지 못한다는 미신이 있었다. 몸의 가운데가 갈라져 있는 모습으로 음란하다고도 한다.

진(辰) 양토(陽土) 용

계절로는 만춘으로 4월 초 청명부터 5월 초 입하 전까지다. 수(水) 기운을 머금고 있어 한창 농사에 필요한 물을 공급할 수 있다. 여름으로 들어가는 양의 기운이 강한 때다. 진토는 토의 기운이지만 양의 기운에 수기를 품고 있어 쓰임이 많은 글자다. 천간으로는 무토(戊土)에 견줄 만큼 기개가 있어 자아가 강하지만 타인을 얕보는 경향도 있다.

사(巳) 양화(陽火) 뱀

여름으로 들어왔다. 5월 초 입하부터 6월 초 망종 전까지다. 양의 끝판왕으로 음의 기운이 하나도 없는 상태다. 그런 경우 항상 그 다음을 생각한다. 이제 음이 새롭게 시작할 수 있는 환경이라는 의미다. 양의 기운만 있고 음이 없는 상태라면 뻗어나가고 퍼지기만 하므로 목표 의식 없이 우왕좌왕할 수 있다. 군더더기 없이 깔끔하고 예의 바른 성향을 보인다.

오(午) 음화(陰火) 말

여름의 정점이다. 6월 초 망종부터 7월 초 소서 전까지다. 여름이 한창일 때이니 당연히 음기가 시작되는 곳이다. 음과 양이 교차하는 시기로 복잡한 양상을 보인다. 우리가 정오(正午)라 부르는 낮 12시가 바로 오시의 중간 지점이 된다. 오(午)의 계절은 음으로 들어가는 강한 양의 기운이기 때문에 말처럼 날뛰게 될 수 있다. 겸손함을 지니면 길하다.

미(未) 음토(陰土) 양

여름의 끝자락이다. 7월 초 소서부터 8월 초 입추 전까지다. 계절의 끝에는 항상 토의 지지가 있다. 해당 계절의 마무리이자 다음 계절로 기운을 넘기는 역할을 한다. 하늘은 이제 가을을 준비하라고 하지만 땅은 가장 더운 시기가 된다. 과학적인 이유가 있다. 지구가 기울어지지 않고 바로 서 있다면 땅에서도 자와 오가 겨울과 여름의 한창이겠지만, 묘하게 지구는 축(丑)과 미(未)를 정점으로 하여 기울어져 있다. 그 영향으로 땅은 축월에 가장 춥고 미월에 가장 덥다.

신(申) 양금(陽金) 원숭이

가을의 시작이다. 8월 초 입추부터 9월 초 백로 전까지다. 서늘하다. 실제로는 여름이 마지막 불꽃을 태우는 시기이다. 태움으로써 새로운 수렴의 기운을 태동시킨다. 이제는 생장이 끝나고 거두려고 하는 기운이 든다. 원숙하다. 융통성은 떨어져도 공감 능력이 있다.

유(酉) 음금(陰金) 닭

완연한 가을이다. 9월 초 백로부터 10월 초 한로 전까지다. 음기가 강하고 수용의 기운이 강하다. 정신적으로 영기(靈氣)가 무르익는다. 닭을 제물로 바치는 이유가 있다. 묘(卯)와 함께 음란한 기운이 강하다. 육감이 발달한 경우가 많다. 예민하고 깔끔하지만 냉정한 모습이 있다. 숙살지기(肅殺之氣)라 하여 팽창하는 양의 기운을 가두어 에너지를 원래의 자리로 돌려놓으려는 기운이 강하다. 단절과 분리를 의미하는 글자이기도 하다. 시간으로 보아도 직장에서 나와 집으로 들어가는 퇴근 시간인 오후 5시 반에서 7시 반 사이다.

술(戌) 양토(陽土) 개

가을이 저물고 겨울로 넘어가는 시기다. 10월 초 한로부터 11월 초 입동 전까지다. 화(火)의 기운이 완전히 끝나는 양(陽)이 사라진 때다. 술토에는 묘한 양면성이 있다. 예술을 상징하는 글자여서 자신만의 세계가 있으며, 종교적 성향도 강하게 나타난다. 부끄러움을 모르는 특징이 있어 수(水) 기운이 부족하게 되면 구두쇠가 되거나 재물에 지나치게 집착하는 수도 있다. 상반된 기운이 있다는 말이다.

해(亥) 양수(陽水) 돼지

겨울이 시작된다. 11월 초 입동부터 12월 초 대설 전까지다. 매듭을 짓는 시기로 새로운 일을 맞게 된다. 전환점이 되니 매우 바쁘게 움직인다. 수의 기운이지만 목(木)을 생하는 작용이 강해 생명을 불어넣는 기운을 상징하기도 한다.

사주 명리는 기본적으로 계절을 논하는 이론이고 절기를 중심으로 하는 학문이다. 사주의 주체인 일간(日干)과 더불어 사주의 전반적인 계절을 알 수 있는 월지(月支)와의 관계가 사주 풀이의 중심축이다. 그러므로 지지가 품고 있는 계절의 의미를 파악하는 것이 사주를 파악하는 첫걸음이다. 지지의 계절성은 여러 방식으로 다양하게 작용한다.

지지의 12글자는 여러 방식으로 묶음을 만들 수 있다.

오행과 상관없이 그 글자의 기질을 세 가지로 묶어 생지(生地, 寅申巳亥), 왕지(旺地, 子午卯酉), 고지(庫地, 辰戌丑未)로 나누기도 하고, 같은 방향을 지향하는 방합(方合)으로 목방(木方) 또는 동방(東方, 寅卯辰), 화방(火方) 또는 남방(南方, 巳午未), 금방(金方) 또는 서방(西方, 申酉戌), 수방(水方) 또는 북방(北方, 亥子丑)으로 묶기도 한다. 또 삼합(三合, 회합(會合)이라고도 한다.)이라 하여 목국(木局, 亥卯未), 화국(火局, 寅午戌), 금국(金局, 巳酉丑), 수국

(水局, 申子辰)으로 모으기도 한다. 이 묶음들은 단순히 묶어 놓은 것이 아니다.

생왕고로 나눈 것은 각 지지의 글자가 가진 기초적인 성질을 모아 놓은 것이고, 방합으로 묶은 것은 오행의 특성을 그대로 살리고 방향성을 잡아 동질성을 부여한 것이며, 삼합으로 구분한 것은 12지지의 운행에 목표지향적인 의미를 부여한 것이다. 방합과 삼합은 다음에 다루기로 하고 우선, 생왕고(生旺庫)에 관하여 생각해보자.

삼지(三地)라고도 한다. 지지의 계절적인 작용을 보다 구체적으로 구분하는 것이다. 모든 계절에는 계절이 시작되는 초기의 기운이 있고 절정에 다다른 왕성한 기운이 있으며 다음의 계절로 넘어가는 환절기가 있다. 봄의 계절은 인(寅)월부터 시작한다. 묘(卯)월에는 절정에 이르고 진(辰)월은 다음 계절로 기운을 넘긴다. 인목은 생지이고 묘목은 왕지이며 진토는 고지가 된다. 여름도 마찬가지다. 사(巳)는 생지, 오(午)는 왕지, 미(未)는 고지가 된다. 다른 두 계절도 마찬가지다.

생지는 사행(四行)의 양(陽)의 글자로 인신사해(寅申巳亥)다. 계절의 시작이며 그 앞 계절의 여운이 남은 토(土)의 기운이 여기(餘氣)로 넘어온다. 주된 성향은 추진력과 활동력이다. 이를 역마(驛馬)의 기운으로 보기도 한다.

왕지는 사행(四行)의 음(陰)에 해당하는 지지로 자오묘유(子午卯

酉)에 해당한다. 계절의 정점이며 오화(午火)를 제외하고는 지장간에 다른 오행이 섞여 있지 않다. 자신을 한껏 드러내려는 성향을 지니고 있다. 도화(桃花)의 기운으로 보기도 한다.

고지는 환절기의 역할을 하는 토(土)에 해당하는 진술축미(辰戌丑未)이다. 묘지(墓地) 또는 화개(華蓋)라고도 부른다. 소유욕이 강한 성질을 가지고 있으며 속을 알 수 없다는 특징도 있다. 토(土) 오행의 지지 네 글자를 잘 살펴야 하는데, 그 이유는 이들이 '변화'의 핵심이기 때문이다.

진(辰)의 경우, 봄의 토인데, 수(水)의 고지다. 즉, 겨울을 상징하는 수(水)를 묻고 가두는 기운을 가지고 있다. 그래야 다음 계절인 여름이 제대로 기능할 수 있기 때문이다.

미(未)는 여름의 토인데, 목(木)의 고지가 된다. 목(木)의 기운이 땅에 묻히는 것이다. 봄의 생성하는 기운이 사라져야 가을의 수렴하는 기운이 제 역할을 할 수 있다.

술(戌)은 가을의 토인데, 화(火)의 고지가 된다. 화(火) 기운을 묻는다. 여름의 기운이 사라져야 겨울로 가을의 기운을 넘겨줄 수 있다.

축(丑)은 겨울의 토다. 가을의 기운인 금(金)의 기운이 땅에 묻힌다. 가을의 기운이 사라져야 봄으로 겨울의 기운을 넘겨줄 수 있다.

이러한 역할을 중심으로 지지의 합 중 가장 중요한 삼합을 이룬다. 합(合)은 다음에 논한다. 지지가 가지는 이러한 기운의 배합은 지지 안에 있는 천간의 기운으로 표시되고 이를 지장간(地藏干)이라 한다.

지장간(地藏干)

앞서 지지의 삼지(三地), 즉 생지, 왕지, 고지를 논한 이유는 지장간의 원리를 설명하기 위해서다. 지장간이란 글자 그대로 지지 속에 감추어진 천간이라는 뜻이다. 사주팔자에 지장간이 있음으로써 명리가 태동했다고 생각해도 과언은 아니다. 땅은 사람이 실제 활동하는 무대로서 하늘의 기운을 일부 품고 있다는 생각에서 출발한 것이다. 이로써 지지는 사주 해석에 있어서 다양한 역할을 할 수 있게 된다. 일부에서는 천지인(天地人) 삼위일체론 중에서 '人'에 해당하는 것이 지장간이며 하늘의 뜻을 품으며 땅 위에서 살고 있는 인간의 기운을 나타낸다고도 한다.

지지가 품고 있는 천간은 여기(餘氣), 중기(中氣), 정기(正氣)로 구성되어 있다. 생지인 인신사해(寅申巳亥)의 경우, 목, 화, 금, 수 사행(四行)의 시작이라는 점에서 직전 오행의 환절기에 해당하는 토(土)의 기운이 여기(餘氣)로 들어온다. 시작을 의미하므로 그중에서 양(陽)의 토인 무(戊)가 들어온다. 생지의 중기(中氣)는 해당 지지가 지향하는 다음의 행(行)의 기운을 쓴다. 즉, 인목의 경우 병화(丙火)를, 신금의 경우 임수(壬水)를, 사화의 경우 경금(庚金)을, 해수의 경우 갑목(甲木)을 쓴다. 모두 다음 절기의 양(陽)에 해당하는 천간이다. 생지의 정기(正氣)는 자기 자신과 같은 음양오행인 천간을 바로 쓴다. 인목은 갑목(甲木)을, 신금은 경금(庚金)을, 사화는 병화(丙火)를, 해수는 임수(壬水)를 쓴다. 그리하여,

인목(寅木)의 지장간은 무병갑(戊丙甲)이고,
신금(申金)의 지장간은 무임경(戊壬庚),
사화(巳火)의 지장간은 무경병(戊庚丙),
해수(亥水)의 지장간은 무갑임(戊甲壬)이다.
생지에 있는 지장간은 모두 양(陽)의 글자다.

왕지인 자오묘유(子午卯酉)의 경우, 모두 陰의 사행(四行)으로 해당 사행 생지의 지장간 중 정기를 이어받아 여기(餘氣)로 쓴다. 즉, 자수는 해(亥)의 지장간 정기인 임수(壬水)를, 오화는 사(巳)의 지장간 정기인 병화(丙火)를, 묘목은 인(寅)의 지장간 정기인 갑목(甲木)을 유금은 신(申)의 지장간 정기인 경금(庚金)을 여기로 쓴다. 왕지는 그 세력이 강하므로 중기 없이 바로 정기로 넘어가는데, 오화의 경우만 예외로 기토(己土)를 중기로 쓴다. 그 이유는 화의 다음 기운은 토이므로 토의 수용성을 무시할 수 없기 때문으로 보인다. 이를 화토공존(火土共存)이라 말하기도 한다. 왕지의 정기로는 왕지의 지지에 해당하는 천간을 그대로 쓰면 된다. 즉, 자수는 음의 수이므로 천간의 음수(陰水)인 계수(癸水)를, 오화는 정화(丁火)를, 묘목은 을목(乙木)을, 유금은 신금(辛金)을 쓴다. 그리하여,

자수(子水)의 지장간은 임계(壬癸)이고,
오화(午火)의 지장간은 병기정(丙己丁)이며,
묘목(卯木)의 지장간은 갑을(甲乙),
유금(酉金)의 지장간은 경신(庚辛)이다.

한마디로 왕지의 경우 자기 자신의 오행의 천간 글자가 모두 지장간에 있다.

고지인 진술축미(辰戌丑未)의 경우, 사행 각각의 마지막 고지로써 지지 삼합(三合)과 방합(方合)의 특징을 모두 아우른다. 진토(辰, 陽土)는 방합으로는 목방(木方)을 이루고 삼합으로는 수국(水局)을 이룬다. 여기에는 왕지 묘목의 정기에서 넘어온 을목을 쓰고 중기에서는 계수(陰水)를 그리고 정기에서는 양토(陽土)인 무토(戊土)를 쓴다. 술토(戌, 陽土)는 방합으로는 금방(金方)을 이루고 삼합으로는 화국(火局)을 이룬다. 여기에는 왕지 유금의 정기에서 넘어온 신금을 쓰고 중기에서는 정화(陰火)를 그리고 정기에서는 양토(陽土)인 무토(戊土)를 쓴다. 축토(丑, 陰土)는 방합으로는 수방(水方)을 이루고 삼합으로는 금국(金局)을 이룬다. 여기에는 왕지 자수의 정기에서 넘어온 계수를 쓰고 중기에서는 신금(陰金)을 그리고 정기에서는 음토(陰土)인 기토(己土)를 쓴다. 미토(未, 陰土)는 방합으로는 화방(火方)을 이루고 삼합으로는 목국(木局)을 이룬다. 여기에는 왕자 오화의 정기에서 넘어온 정화를 쓰고 중기에서는 을목(陰木)을 그리고 정기에서는 음토(陰土)인 기토(己土)를 쓴다. 그리하여,

진토(辰土)의 지장간은 을계무(乙癸戊)이며,
술토(戌土)의 지장간은 신정무(辛丁戊)이고,
축토(丑土)의 지장간은 계신기(癸辛己),
미토(未土)의 지장간은 정을기(丁乙己)이다.

이를 표로 정리하면 다음과 같다.

	지지(地支)	여기(餘氣)	중기(中氣)	정기(正氣)
생지	寅	戊(7)	丙(7)	甲(16)
	申	戊(7)	壬(7)	庚(16)
	巳	戊(7)	庚(7)	丙(16)
	亥	戊(7)	甲(7)	壬(16)
왕지	子	壬(10)		癸(20)
	午	丙(10)	己(9)	丁(11)
	卯	甲(10)		乙(20)
	酉	庚(10)		辛(20)
고지	辰	乙(9)	癸(3)	戊(18)
	戌	辛(9)	丁(3)	戊(18)
	丑	癸(9)	辛(3)	己(18)
	未	丁(9)	乙(3)	己(18)

지지 옆 숫자는 해당 월에 실제 사령(司令)하는 일수를 나타낸다. 예를 들어 인목(寅木)의 경우, 입춘 이후 7일은 무토(戊土)의 기운이, 그 이후로 7일은 병화(丙火)의 기운이, 그 이후 16일은 갑목(甲

木)의 기운이 작동한다.

지장간은 의외로 사주 명리를 이해하는 데 매우 중요한 요소로 쓰인다. 지장간을 이해하지 못하고는 사주 명리는 시작조차 할 수 없다. 방법이 없다. 외워야 한다.

육십(六十) 갑자(甲子)

천간의 10글자와 지지의 12글자를 조합하여 모두 60가지의 갑자의 간지(干支)가 만들어진다. 천간의 시작인 갑목(甲木)과 지지의 시작인 자수(子水)를 합하여 갑자(甲子)라는 간지가 생성된다. 갑자년(甲子年), 갑자월(甲子月)과 같은 식으로 부른다. 갑자 이후에 오는 간지는 을축(乙丑)이고, 그 뒤로 병인(丙寅), 정묘(丁卯)로 흘러간다. 마지막으로 계해(癸亥)가 되고 다시 갑자(甲子)로 돌아와 순환된다. 유의해야 할 점은 양(陽)의 천간에는 양(陽)의 지지가 매칭이 되고 음은 음끼리 매칭이 된다는 것이다. 갑자(甲子)는 성립하지만 갑축(甲丑)은 성립되지 않는다.

간지 조합의 총개수는 60개로 우리는 60년을 살면 태어난 해의 간지로 다시 돌아오고 그 해가 환갑(還甲)이 된다. 회갑(回甲)이라고도 한다. 2024년은 갑진년(甲辰年)이다. 환갑을 맞은 사람은 1964년 갑진년에 태어난 사람들이다.

연(年)뿐만 아니라 월, 일, 시 모두 육십 갑자를 사용하여 사주를 세운다. 각 갑자의 특성 또한 알아두는 것이 좋다. 물론 다른 글자와의 상호작용으로 많은 차이가 나지만 갑자 자체가 가지는 특성을 알면 많은 도움이 된다. 참고로, 천간은 10글자이므로 연도의 끝 숫자가 항상 같은 천간의 글자에 매칭이 된다. 갑(甲)은 연도의 끝이 4에 해당한다. 그래서 2024년은 갑진년(甲辰年)이다. 을(乙)은 5, 병

(丙)은 6이다. 이것은 변하지 않으니 외워 두면 편하다.

연도의 끝수	육십 갑자 간지					
4	甲子	甲戌	甲申	甲午	甲辰	甲寅
5	乙丑	乙亥	乙酉	乙未	乙巳	乙卯
6	丙寅	丙子	丙戌	丙申	丙午	丙辰
7	丁卯	丁丑	丁亥	丁酉	丁未	丁巳
8	戊辰	戊寅	戊子	戊戌	戊申	戊午
9	己巳	己卯	己丑	己亥	己酉	己未
0	庚午	庚辰	庚寅	庚子	庚戌	庚申
1	辛未	辛巳	辛卯	辛丑	辛亥	辛酉
2	壬申	壬午	壬辰	壬寅	壬子	壬戌
3	癸酉	癸未	癸巳	癸卯	癸丑	癸亥

갑자의 기준은 양은 양끼리 음은 음끼리 맞춘 것이라 했다. 여기에서 양과 음은 체(體)의 기준으로 사(巳)는 음, 오(午)는 양이 된다. 해(亥)는 음이고 자(子)는 양인 것이다. 그러나 그런 어려운 이론까

지 골치 아프게 생각할 필요 없다. 갑(甲)으로 시작하는 천간과 자(子)로 시작하는 지지를 맞추고 하나씩 건너뛰면서 차례대로 맞추어서 가면 된다.

운(運)

운(運)은 우리가 시간의 흐름 속에 살아가며 생기는, 우리에게 미치는 에너지의 변화다. 명리학이 시간의 학문이라고 했던 이유 중 하나도 그 시간에 따른 변화를 보는 것이기 때문이다. 시간이 흐른다는 것은 무엇인가? 우주에서 시간은 정방향으로 흐른다. 시간은 뒤로 갈 수 없으며 멈추지 않는다. 또한, 시간은 우주 안에 있는 모든 것에 적용된다. 다만 중력이 다르면 상대적 속도의 차이는 난다. 2014년에 개봉한 영화 인터스텔라를 본 사람이면 알 수 있다. 엄청난 중력을 가진 블랙홀 근처를 다녀온 아빠가 지구에 와서 다 늙어버린 딸을 마주하는 장면을 기억할 것이다. 그렇게 되면 사주가 말하는 운(運)은 특별한 고속의 이동 환경에 있거나 인공위성보다 더 높은 환경에서 살고 있는 경우를 제외한 지구에서만 살아가는 평범한 사람들에게 국한하여 적용되어야 한다.

시간은 순환한다. 계절이 순환하고 낮과 밤이 순환한다. 무한히 반복하고 있다. 그러면서 정방향으로 흐른다. 그 순환과 전진이 변화를 일으키면서 인간의 삶이 다채로워진다. 타고난 사주에 시간의 변수가 곱해지면 무한한 경우의 수로 삶이 펼쳐진다. 무한한 선택의 기로에 있다는 말과 같다. 지금의 선택이 미래를 결정한다.

운을 본다는 것은 미래에 명주(命主)가 마주할 기운을 예측하는 일이다. 예측하여 때에 맞추어 실천하도록 하는 것이다. 미래는 '지금'의 다음이다. 지금이라는 순간은 계속해서 다음으로 넘어간다. 지금을 측정하려고 하면 이미 다음으로 넘어가 있다는 말이다. 우리는 3차원의 공간이 또 다른 3차원의 공간을 계속해서 만들어 내는 4차원의 세계에 살고 있다. 3차원의 공간이 계속해서 생기고 생겨서 순차적으로 넘어가고 있는 공간의 안에 갇혀 있는 것이다. 우리는 과거가 있었고 미래도 있으리라는 것을 안다. 우주에는 과거, 현재 그리고 미래가 공존하고 있고 우리는 그 중 어느 한 지점을 통과하고 있다. 이는 흘러간다는 의미로써의 시간이 아니라, 우리가 살고 있는 3차원 공간의 앞과 뒤라는 의미로써의 시간이다. 사주의 운 역시 태어나는 순간 이미 펼쳐져 있다. 운의 다음을 계속 이전으로 넘기면서 삶을 살아간다.

명리에서는 우리 모두에게 시간의 속도가 같게 적용된다고 전제한다. 지구 안에서도 빠르게 시간을 살고 있는 사람이 있고 느리게 살고 있는 사람도 있지만 그 정서적 차이는 무시한다. 시간의 흐름에 따른 운(運) 역시 공평하게 흐른다고 전제한다. 굳이 상대적 개념을 사용하지는 않는다.

현실로 내려오자. 사주를 본다는 것은 운을 보는 것이다. 사주를 보러 오는 사람은 자신이 어떤 사람인지 자신의 약점과 강점은 무엇인지 궁금해하지 않는다. 올해 승진할지, 자식이 입시에서 좋은 결과를 얻을지, 재물복은 언제 들어오는지, 사업은 언제 잘 돌아갈지 묻는다. 어떤 것이 좋은 것인가? 명리의 철학적 본질과는 무관하게 실제 상담을 위한 사주는 매우 속물적이다. 부(富)와 귀(貴)를 중심에 두고 논하는 학문이다. 사주 명리를 이해하기 위해서는 동양의 자연철학을 이해하고 음양과 오행의 본질을 파악해야 하지만, 그것을 상담받으러 온 사람에게 적용하는 일은 속물적 관점에서 접근해야 한다. 그들에게 우주의 원리를 설명한들 무슨 소용이냐는 말이다.

사주팔자는 명(命)이라 하여 자기가 가지고 태어나는 기운이고, 운(運)은 시간이 가지는 기운과 자신의 기운이 만나서 작용하는 배합의 에너지이며 그 흐름이다. 좋은 사주를 가지고 태어났다고 하더라도 살면서 지나게 되는 운이 좋지 못하면 고생이 많을 것이고, 사주가 좋지 않더라도 운이 좋으면 그 사람은 보잘것없어도 삶이 순탄하고 의외로 부귀를 누리게 된다. 당연히 운이 우리 삶의 부귀를 결정하는 큰 역할을 하지만 명주(命主)가 그 운이 열어 준 길을 잘 따라갈 수 있어야 한다. 언제? 어떻게? 이 질문에 답을 구할 수 있도록 도와주는 것이 사주를 보는 사람들이어야 한다.

운의 범위는 어디까지일까? 당연히 일생을 두고 보아야 한다. 명리에서의 운의 단위는 시, 일, 월, 연, 10년이다. 찰나의 운을 이용해서 돈을 버는 사람들은 시운(時運)을 보고, 하루 벌어 하루 먹고 사는 사람들이나 중요한 날을 앞둔 사람들은 일진(日辰)을 본다. 월운

(月運), 세운(歲運, 年運)이 중요한 사람들도 있다. 일반적으로 어떤 사람의 평생을 두고 흐르는 운의 기운은 10년 단위의 대운(大運)을 통해 알 수 있다. 단순히 나는 왜 운이 이렇게 나쁠까 생각하기도 한다. 운이 좋아 좋은 일이 생겼다고 생각하는 때도 있다. 운칠기삼(運七氣三)이니 명보다 운이 더 중요하다고 생각한다. 그래서 궁극적으로 사주를 본다는 것은 운을 본다는 것으로 여긴다. 운을 본다는 것은 시간의 단위로 어떤 사람의 운명이 어떤 흐름으로 흘러갈 것이고 그 시점의 단위별로 어떤 기운이 그 사람의 삶에 영향을 미치는지 알아보는 일이다. 당연히 운칠기삼이지만 그 운 역시 사주팔자가 정하는 것이다.

대운(大運)과 나머지 운 그리고 그 활용

사주 네 기둥을 세웠으면 다음으로 찾아야 하는 것은 대운이다. 대운이 엄청나게 좋은 운이라고 잘못 알고 있는 사람들이 많다. 이상하게 사주쟁이들도 사람들의 그런 오해를 악용하는 경우가 종종 있다. 대운은 그저 월주(月柱)를 활용하여 찾는 10년 주기의 운일 뿐이다. 좋은 운일 수도 있고 나쁜 운일 수도 있다.

세운(歲運)은 일 년 단위의 운을 말한다. 사주팔자에 해당 연(年)의 간지를 대입하면 된다. 연운(年運)이라고도 한다. 2023년은 계묘년(癸卯年)이니 어떤 사주팔자든 세운은 계묘를 대입하여 푼다. 2024년은 갑진년(甲辰年)이고 모든 사람이 자기의 사주에 갑진이라는 간지를 배합하여 운을 본다. 단, 세운은 대운의 흐름 안에서 움직이는 것이므로 세운을 볼 때는 대운의 에너지를 고려해서 보아야 한다.

월운(月運)이나 일진(日辰)도 주어지는 달의 간지와 일의 간지를 쓴다. 물론 두 시간의 짧은 시간 동안의 운을 보는 시운(時運)도 있다. 모두 만세력에서 부여하는 간지를 쓴다. 그러므로 자신만의 운의 간지를 쓰는 경우는 대운(大運)뿐이다. 자신의 월주에서 뽑아내는 간지로 대운은 돌아간다.

각자의 직업에 따라 중요하게 생각하는 운의 종류가 다르다. 일반적인 사무 행정 업무를 하는 회사원이나 공무원의 경우, 대개 프로젝트나 업무와 관련해서는 월운(月運)이, 조직 내 자신의 위상과 관련해서는 세운이 중요하고, 하루하루 장사를 하며 먹고 사는 자영업자의 경우, 당연히 일진이 중요하다. 주식이나 코인을 직업으로 하는 사람은 시운(時運)을 중요하게 보는 경우가 있다.

시운이나 일진은 월운의 영향력 아래에 있다. 월운은 세운과 배합하여 본다. 따라서 보고 싶은 운이 일진이면 월운의 영향력을 고려하여 일진을 사주에 대입하면 되고, 월운을 보려면 사주와 월운을 대입하여 보되, 세운을 참고하면 된다.

흔히 사주에서 운을 이야기할 때 비유로 드는 것이, 자동차와 도로다. 사주를 자동차에 운을 도로에 비유한다. 명(命)이 확정적이고 선천적인 체(體)의 영역이라면 운(運)은 유동적이고 후천적인 용(用)의 영역이다. 특히 운명이 시간과 공간에서 이루어지는 것임을 고려하면 명은 공간적 의미가 되고 운은 시간적 의미가 된다. 자동차가 아무리 성능이 좋아도 논두렁에서는 의미가 없고, 아우토반이 펼쳐져 있어도 달구지로는 달릴 수가 없다. 우리의 길흉화복 또한 이러하다. 사주가 나빠도 운이 좋으면 부귀를 누릴 수 있고 운이 나빠도 사주가 좋으면 불운을 극복하고 성취를 얻을 수 있다. 그러나 아는 자와 모르는 자의 차이는 크다. 대운은 사인(Sine)곡선을 그리며 흐른다. 올라가면 반드시 내려간다. 바닥에 있으면 반드시 상승한다. 그 '때'를 알면 기회를 잡을 수 있다.

사주와 운이 모두 좋기는 불가능하다. 음양오행이 사주팔자 안에 완벽하게 균형과 조화를 이룰 수는 없다. 천간 10글자는 두 글자씩 각 오행에 배속되는데 사주에서 천간의 자리는 4개이니 음양오행이 조화롭게 배치된다는 것은 불가능하다. 지지는 12글자 중 토에는 4글자가, 나머지 4행은 각 두 글자씩 돌아간다. 그리고 자리는 4개가 있다. 사주의 여덟 글자가 음양오행이 완벽하게 조화를 이루는 것은 불가능하다는 이야기다. 그리고 대운 역시 월주에서 나와 10년 단위로 바뀌므로 길흉이 고정되어 있지 않다. 운과 명이 잘 배합이 되어야 비로소 균형이 맞을 가능성이 있다는 이야기다. 사주가 좋다는 이야기는 사주가 운에 의해 조화를 찾는 시점이 삶의 한복판에 있는 경우에 할 수 있다. 사주가 필요로 하는 기운이 대운에서 오는 시점이 영유아기 시절이라면 의미가 없고 말년이라면 너무 늦다. 공부를 해야 하는 시점에 공부에 유리한 기운이 들어오고 사회생활을 치열하게 해야 하는 시점에 용신운이 들어와 준다면 좋은 사주라고 할 수 있는 것이다.

한편, 현대에 와서는 반드시 음양오행의 조화와 균형이 길흉의 기준이 아니라는 이론이 받아들여지고 있다. 세속적인 기준으로 성공했다는 사람들의 사주를 분석해보면 음양오행의 균형이 필수요소가 아니었다. 오히려 지나치게 불균형한 사주를 가진 사람들이 사회적 성취를 이룬 경우가 많다는 것을 알게 되었다. 그 사람들은 자신의 사주가 가진 약점이 운에서 보완이 되는 시점에서 그 기회를 제대로 잡았다. 같은 사주를 가진 사람들이라도 그 기회를 잡았는지 아닌지에 따라 삶이 달라진 것이다. 예를 들어 같은 사주를 가진 열 명이 있는데 아홉 명은 비천한 삶을 살았고 한 명이 거부가 되었다고 생각해 보자. 그 사주는 좋은 사주인가 나쁜 사주인가. 부모의 사주도 영향을 미쳤을 것이고 우연한 결단이 엄청난 차이를 보였을 것이다. 그러므로 사주를 공부한 사람이라면 삶이 나락으로 떨어져 있어도 자신감을 잃지 말아야 하며, 남부러운 것 없이 잘 나간다고 해도 겸손과 배려를 잊으면 안 된다.

박정희 전 대통령의 부인 육영수 여사의 사주와 관련한 유명한 일화가 있다. 도계 박재완 선생이 충청도의 육씨 가문의 집에 찾아간 일이 있다. 이때 열여덟 살의 육영수 여사의 사주를 보고 국모가 될 분이니 잘 키우라 했다고 한다. 그 인연으로 군사정부 시절 청와대에서 종종 박 선생을 모셨다고 한다. 육영수 여사의 사주와 같은 다른 사람을 보았어도 박재완 선생이 같은 말을 했을지는 모르겠다. 육 여사가 태어난 가문의 재력도 고려했을 것이고 육 여사 부모의 성정도 살폈을 것이다.

우리가 운을 살피는데 제일 먼저 보아야 하는 것은 역시 대운이다. 대운은 간지의 순환이 역(逆)이든 순(順)이든 차례로 흐르므로 지지를 보면 어떤 오행의 방(方)으로 흐르는지 알 수 있다. 천간이나 지지는 오행을 기준으로 같은 오행이 두 개씩 붙어있으니 결국 20년의 세월이 같은 방이라는 결론이다. 즉 운의 기본인 대운은 10년을 주기로 바뀌지만 20년을 주기로 오행의 방이 전환된다. 지지의 고지(庫地)까지 염두에 두면 그 기운은 30년에 걸쳐 나타난다. 어떤 사람의 운의 향방은 30년이 지나면 완전히 달라진다는 의미다. 아무리 잘 나가는 사람이라도 30년 이상 잘 나가는 것은 불가능하다는 섭리다. 우리 삶이 90년을 산다고 하면 3번의 삶을 살게 된다는 의미이기도 하다. 수명이 짧았던 옛날에도 환갑까지 산다고 하면 역시 다시 한번 기회는 찾아온다는 뜻이다.

대운을 잡는 기준은 월주라고 했다. 그리고 그 사람이 남자인지 여자인지, 그 사람의 연간(年干)이 음인지 양인지에 따라 방향성이 달라진다. 사주를 세워 보았으니 예를 들어 설명해보겠다.

乙	乙	癸	辛
酉	卯	巳	亥

남자 사주

위의 사주의 연간(年干)은 음(陰)의 금인 신금이다. 그리고 월주는 계사(癸巳)다. 연간이 음(陰)이라면 대운은 역행한다. 남자의 사주에서 연간이 양(陽)이면 대운은 순행하고, 여자의 사주에서 연간이 음(陰)이면 순행하며 양(陽)이면 역행한다. 그러므로 위 예시 사주는 역행이다. 무엇에서 역행하는가? 월주 계사(癸巳)의 이전 간지로부터 대운은 시작되고 계속 그 전의 간지로 돌아가는 것이 역행이다. 즉, 계수 이전의 천간이 임수이고 사화 이전의 지지가 진토이니 임진(壬辰)이 이 사람의 첫 대운이 된다. 만약 위 사주의 주인이 여자라면, 순행을 하게 된다. 계사 이후의 간지는 갑오(甲午)이니 갑오 대운부터 앞으로 차례로 돌아간다. 그러므로 같은 사주라도 남자와 여자의 운은 완전히 다르다. 삶이 완전히 다르게 진행된다는 뜻이다.

첫 대운이 시작되는 때는 언제일까? 그것은 대운수(大運數)라는 것으로 결정한다. 대운수를 결정하는 것도 순행과 역행의 경우가 다르다. 순행의 경우, 생일 다음 날부터 다음 절기까지의 날짜 수를 3으로 나눈 값이 대운수가 된다. 0과 1이 남으면 버리고 2가 남으면 올려서 하나를 더한다. 위의 사주는 양력 5월 30일생이고 역행이다. 역행은 생일 전날부터 이전의 절기까지의 날짜 수를 더한 뒤 3으로 나누면 된다. 즉, 29부터 거꾸로 세기 시작해서 입하인 5월 6일까지 세면 23일이 된다. 23을 3으로 나누면 몫이 7이고 나머지가 2이니 올려서 8이 대운수가 된다. 즉 8세부터 대운이 시작되고 그 대운은 임진 대운이 된다.

시	일	월	년
비견	비견	편인	편관
乙	乙	癸	辛
酉	卯	巳	亥
편관	비견	상관	정인
庚辛	甲乙	戊庚丙	戊甲壬
절	건록	목욕	사
재살	장성살	역마살	지살

88	78	68	58	48	38	28	18	8
2058	2048	2038	2028	2018	2008	1998	1988	1978
甲 申	乙 酉	丙 戌	丁 亥	戊 子	己 丑	庚 寅	辛 卯	壬 辰

대운은 위와 같이 표기한다. 아래쪽 8부터 시작되는 표가 대운표다. 8세부터는 임진 대운, 18세부터 27세까지는 신묘 대운이 관장한다. 현재 이 사람은 48세부터의 대운인 무자 대운을 지나는 중이다. 2024년은 갑진년이다. 이 사람의 세운은 갑진을 대입한다. 누구나 마찬가지다.

정부에서 2023년 6월부터 나이를 세는 방식을 바꾸었다. 만 나이로 계산한다. 그러므로 대운수의 나이에서 하나를 빼야 한다. 대운수를 정하는 것을 나이로 하였으니, 이제는 그 한국식 나이에 해당하는 연도를 찾아야 한다. 태어난 해를 하나로 치고 세면 대운수 8이 처음 되는 해는 1978년이 된다. 전에는 1978년에 여덟 살이라고 했다. 이제는 만 나이가 되니 1978년에 위 사람은 6살이거나 7살이다. 대운수를 세고 해당 명주의 대운수 적용 연도를 계산할 때는 이 점을 명심해야 한다. 단순하게 생각하면 만세력에 나오는 연도를 살피면 그만이기는 하다.

대운의 영향이 미치는 기간은 10년이라고 했다. 그렇다면 10년간 같은 기운이 작동할까? 사람마다 다르게 해석한다. 천간의 기운은 10년을 전체적으로 장악한다고 보고 지지의 기운이 대운의 중심부로 갈수록 점점 강해진다고 주장하는 사람도 있다. 새로운 대운이 시작되고 얼마 지나지 않았다면 이전 대운 지지의 기운이 약간은 영향을 미치고 있으며, 대운이 끝나가는 시점에서는 앞 지지의 기운이 슬슬 간섭하기 시작한다고 보는 것이다. 어떤 사람들은 천간의 기운 5년, 지지의 기운 5년으로 나누어 보기도 한다. 현재 다수의 명리학자가 취하는 방식이기는 하다. 대운 간지의 영향력을 분석하는 일은 각자의 영역이다. 정해진 것이 없다는 뜻이다.

위의 사례, 무자(戊子) 대운을 지나고 있는 사람은 현재 그 중심에 있다. 그러니 지지의 기운이 강하게 들어온다. 그리고 2024년이라면 갑진년의 상황도 함께 염두에 두고 본다. 대운과 세운의 섞인 기운이 어떻게 작용하는지 파악한다는 의미다.

운의 해석

대운이 가지는 의미는 그야말로 '때'가 되었는지 아닌지로 귀결된다. 사업을 할 때가 되었는지, 직장을 그만둘 때가 되었는지 등이다. 학업을 마치고 사회생활을 시작할 때가 되었는지, 결혼을 멈추고 홀로 살 때가 되었는지 등도 마찬가지다. 고서에서는 어떻게 운을 해석할까?

자평진전(子平眞詮)이 운을 논하는 중심 논리는, 들어오는 운이 사주팔자의 격(格)을 성격(成格)시키는지 파격(破格)시키는지를 보는 것이다. 적천수(滴天髓)에서는 대운의 지지 방(方)을 중심으로 사주의 기세가 나아가는지 물러서는지를 본다. 표현은 다르지만 결국 비슷한 말이다. 들어오는 운이 사주의 강점을 강화하고 약점을 약화하는지를 보는 것이다. 예를 들어, 흉한 기운을 억제하여 길한 작용을 하도록 설계된 사주 원국(原局)인데 억제하는 역할을 하는 글자의 힘을 무력화하면 흉한 기운이 살아난다. 이런 경우 운이 좋지 않다고 해석한다.

대운을 본다는 것은 먼저, 자평진전과 적천수의 논리를 따라 사주의 격을 보고 용신을 정하고 계절을 보고 일간의 강약을 먼저 따진 다음, 대운의 방(方)의 흐름을 살피는 것이라 보면 된다. 방이라 함은, 목(木)이면, 동방(東方) 또는 목방(木方)을 말하고, 화(火)면, 남방(南方) 또는 화방(火方)이라 한다. 같은 원리로 금이나 수는 서방 또는 금방(金方), 북방 또는 수방(水方)을 말한다. 그 방의 흐름이 사주에서 필요한 것으로 들어오는지 아니면 오지 말아야 할 것들이 오는지를 보는 것이다.

대운은 장기적 관점에서 준비해야 한다. 삼십 대 후반부터 이십 년간 좋은 대운으로 간다고 가정해 보자. 그 사람이 자신의 대운이 지닌 의미를 알고 있다면 좋다는 것이 무엇을 의미하고 좋은 운을 잘 활용하기 위해 무엇을 할지 고민할 것이다. 만약 재물운이 좋게 들어온다고 치자. 과감한 투자를 결정할 수 있다. 그러기 위해 미리 불필요한 자산을 정리하고 돈을 모아 투자금을 확보할 것이다. 남자에게 재물은 여자의 의미도 있으니 어떤 사람은 좋은 여자를 맞이할 준비를 할지도 모른다. 어느 경우이건 겸손함을 잃지 않아야 한다. 좋은 대운을 망치는 경우는 대부분 일이 잘 풀리는 나머지 교만한 마음이 생겨 냉정함을 잊은 경우다. 나쁜 대운이 들어오는 경우도 마찬가지이다. 물러설 때를 알아야 한다. 이 경우에는 자신감을 잃지 말아야 한다. 나쁜 대운에서는 자신감을, 좋은 대운에서는 겸손함을 가져야 한다. 사주 명리를 알면 터득하게 되는 것은, 우리 삶은 냉정함과 유연함을 잊어서는 되는 일이 없다는 것과 물러설 때와 나아갈 때를 알면 흉도 길로 바꿀 수 있다는 것이다.

개운법(改運法)이라고 해서 '운을 고치는 방법'이라고 하는 것이 있다. 대개 사주 안에서 부족하거나 망가져 있는 오행을 찾아 그것을 보완하는 여러 장치를 궁리한다. 목이 부족하면 집에 나무나 화초를 두라고 하고, 화가 부족하면 빨간색을 지니라고 하고, 토가 부족하면 주말농장이라도 꾸미라고 하며 금이 부족하면 금속 장신구를 몸에 지니라고 하며 수가 부족하면 집에 어항을 놓으라고 한다. 기가 막힐 노릇이다. 그래서 운이 바뀔 것 같으면 수많은 재벌이 탄생했겠다.

오행을 형이하학적 개념으로 보지 말자. 오행은 기운이요 기질이다. 그러니 목을 보완하기 위해서는 목이 가진 기질인 감각적이며 생동하는 기운을 보완해야 한다. 화가 필요하다면 시야를 넓게 하고 전투력과 추진력을 넣어주어야 하고 수가 부족하면 계획성 있는 생활 습관을 길러야 한다. 자신을 변화시키지 않으면, 그런 노력을 기울이지 않으면 그냥 팔자대로 사는 거다.

운에서 나쁜 운이 들어올 때 어찌해야 하는가? "재수 없다."라고 기분 나쁘다고 생각하고 말 것인가? 답은, "좋은 운이 들어올 때까지 기다려라.", "가급적 보수적으로 임해라."이다. 좋은 운이 들어오면 "아, 기분 좋다."하고 말 것인가? 답은, "전진하고, 잡아라."이다. 대운 30년 안 좋은 방(方)으로 흐른다면 그 삼십 년 죽은 듯 지내야 하는가? 실행은 세운(歲運)을 보고 판단하면 된다. 태평양을 항해하는 요트를 몰 때 돛을 잡고 조정하는 일은 날씨와 바람을 보고 판단하는 것이지, 여기가 태평양이니 이렇게 운전하고 한강이니 저렇게 운전하라고 단순하게 가르치지는 않는다. 비바람이 몰아치는 때에는 난파되지 않도록 돛을 내리고 균형을 잡는 데에만 집중

한다. 파도가 낮고 날이 좋을 때는 돛을 펼치고 한껏 속도를 높인다. 우리가 운을 보는 이유는 나아갈 때와 대비할 때를 알기 위함이다.

어느 현자는 어느 경우든 가장 좋은 개운법은 독서고 다음은 적선이며 마지막으로 잊지 말아야 할 것이 기도라고 했다. 아는 만큼 보이는 것이니 독서를 통해 지식과 지혜를 얻으면 삶이 달라질 것이고 남에게 물질적이든 정신적이든 베푸는 마음을 가지면 업을 푸는 일이 될 것이다. 용서도 여기에 포함된다. 기도를 하라는 말은 기복(祈福)을 빌라는 말이 아니다. 자신을 성찰하라는 뜻이다. 앞만 보고 달리는 짐승이 되면 안 된다는 말이다.

운명이 이미 결정되어 있다고 해도, 현재는 과거의 결과이자 미래의 원인이다. 내가 고쳐먹은 마음으로 나의 미래가 달라질 수 있다. 또다시 현재가 될 그 미래는 과거의 내가 실천한 결과이다. 운은 그렇게 쓰면 된다.

2.

나의 비밀 에너지

천간의 합과 극, 지지의 합과 충

오행의 생(生)과 극(剋)의 원리에 따라 천간의 글자와 지지의 글자들은 각각 자기들 세계에서 합을 하고 극을 한다. 천간은 단순하다. 하늘의 기운이 그리 복잡하지 않기 때문이다. 지지는 복잡하다. 인간 세상 단순한 일이 어디에 있겠는가?

천간합(天干合)

천간을 생각할 때는 항상 음양(陰陽)을 고려해야 한다. 천간에서 합(合)의 기운이 일어날 때는 음과 양이 만나는 경우다. 천간의 합을 음양합이라고 한다. 오행 간의 관계를 합에서 풀어보려고 애쓸 필요가 없다는 이야기다. 음양의 합이기 때문에 남녀 간 애정지사의 힌트가 들어있다.

천간합은 다섯 가지가 있다.

갑(甲) + 기(氣) = 갑기합 (土)
을(乙) + 경(庚) = 을경합 (金)
병(丙) + 신(辛) = 병신합 (水)

정(丁) + 임(壬) = 정임합 (木)
무(戊) + 계(癸) = 무계합 (火)

모두 음과 양의 합이다. 그런데 오행으로만 보면 갑은 목이니 토인 기를 극하고, 경은 금이니 목인 을을 극한다. 그러나 음양의 당기는 기운은 마치 자석의 N극과 S극 같아서 강력하다. 오행의 극하는 기운보다 음양의 합하는 기운이 천간에서는 강하다. 음양이 같은 경우를 보면, 갑이 기가 아닌 무(戊)를 만나면 목이 토를 극하는 모습을 보인다. 음과 양이 만나면 합이 되고 같은 음양끼리 만나면 극이 된다. 그래서 천간합은 음양의 합으로 보면 된다는 말이다.

천간의 합은 지지의 삼합이나 육합 같은 합보다는 그 영향력이 약하다. 운(運)에서 합을 이루는 글자가 들어오는 경우나 월지의 지장간이 사주 일간의 글자와 합을 하는 경우 정도가 영향이 있다. 일간이 합을 이루고 있는 경우도 그 영향력을 고려할만하다. 예를 들어, 사주의 주체인 일간(日干)이 월간(月干)이나 시간(時干)과 합을 하는 경우, 즉 바로 옆의 글자와 합을 할 때는 관련된 십성(十星, 앞으로 배울 것이고 명리 기호학을 풀어내는 핵심 원리이다.)을 지향하는 사람이라고 해석한다. 배우자와의 관계도 생각해 볼 수 있다. 극하고 극을 당하는 관계는 뒤에서 배울 십성(十星)에서는 배우자와의 관계를 의미하므로 이 관계를 살피면 배우자와의 관계도 유추할 수 있다는 논리다. 배우자와의 관계를 암시하는 요소는 사주에 많이 있으니 딱 이것만으로 논할 수는 없지만 말이다.

천간의 합은 오행의 변화를 일으키기도 한다. 갑기합(甲己合)이 되면 그 덩어리는 토(土)로 오행이 변화한다. 이런 현상을 합화(合化)라 한다. 을경합(乙庚合)의 경우에는 금(金)으로, 병신합(丙辛合)의 경우는 수(水)로, 정임합(丁壬合)은 목(木)으로, 무계합(戊癸合)은 화(火)로 변한다. 참고만 하면 된다. 실제 사주를 분석하는 과정에서 천간의 합은 일간합을 포함하여 그리 중요하게 생각하지 않는다. 합이 되는 글자들이 중요한 것이 아니라 그 십성(十星)의 관계를 더 중요하게 본다.

천간충(天干沖)

서로 맞부딪히는 충으로 이해할 필요 없이 일방이 일방을 극(剋)하는 것으로 보면 충분하다. 지지(地支)의 경우에는 충이 쌍방의 충이지만 천간은 아니다. 갑경충(甲庚沖)은 갑과 경의 상호 충돌이 아닌 경금(庚金)에 의해 갑목(甲木)이 극을 당하는 것이다. 을신충(乙辛沖) 역시 신금에 의해 을목이 극을 당하는 것이고, 병임충(丙壬沖)도 임수에 의해 병화가, 정계충(丁癸沖) 역시 계수에 의해 정화가 극을 당하는 것이다. 모든 관계에 있어서 음양은 같다. 그런 이유로 같은 오행 토인 무토(戊土)와 기토(己土)는 충하지 않는다.

지지합(地支合) - 방합과 육합

지지의 합은 그 양상이 매우 복잡하고 다양한데, 합의 종류도 육합(六合), 방합(方合), 삼합(三合) 등 세 가지에 달할뿐더러 충, 형을 만났을 때 그리고 운에서 합이 될 때의 작동 양상도 무궁무진하다. 그 이유는, 천간이 하늘의 기운을 상징하는 데 반해 지지는 인간 세상의 수많은 사건, 사고, 희로애락을 모두 담아내야 하기 때문일 것이다.

지지의 방합(方合)은 계절의 합이요 방위의 합이다. 인연에 의한 합이다. 이익을 위한 합이 아니다. 사적(私的)이다. 오행을 중심으로 모여 있다. 방합이 사주 안에서 성립되기 위해서는 사주의 지지 네 글자 중 월지(月支)가 반드시 포함되어야 하며, 세 개가 모두 있어야 한다. 즉 세 글자 중 두 개만 있는 반합(半合)은 인정하지 않는다. 운에서 방합을 이루려면 해당 운의 글자를 포함해 세 개가 모두 있어야 한다.

인묘진(寅卯辰)은 목의 기운으로 뭉친 목방(木方)의 합이다.
사오미(巳午未)는 화의 기운으로 뭉친 화방(火方)의 합이다.
신유술(申酉戌)은 금의 기운으로 뭉친 금방(金方)의 합이다.
해자축(亥子丑)은 수의 기운으로 뭉친 수방(水方)의 합이다.

방합의 오행 글자가 천간에 투출해(드러나) 있다면 그 방합의 오행은 사주 전체를 관장한다. 그 오행의 기운이 어떻게 운(運)과 만나 작용하는지 잘 보아야 한다. 만약 지지에만 방합이 되어 있다면, 방합은 평소에는 별다른 일을 하지 않는다. 그저 사주 원국이 어느 오행 기운에 영향을 받는지 알 수 있으면 되는 것이다. 방합이 하는 일은 충(沖)이나 형(刑)의 기운이 올 때, 원국에서 다른 글자에 의해 충이나 형이 시도될 때 방패가 되어 막아주는 정도다. 방합은 같은 오행의 합이라 그 오행의 성질을 반영한다. 물상으로 보았을 때 오행 중에서 화(火)와 수(水)는 무형의 오행이다. 형체가 없고 합하여져도 같은 모습이다. 물에 물을 더하거나 불에 불을 더해도 모습은 같다는 말이다. 그래서 화의 기운과 수의 기운의 방합은 합력(合力)이 강한 편이다. 그러나 목(木)이나 금(金)은 형태가 있다. 그래서 합력이 약하다고 보기도 한다. 단 천간에 같은 오행이 드러나 있는 경우에는 목과 금의 방합도 합의 작용을 한다. 삼합(三合)의 경우, 뒤에서 보겠지만, 합력(合力) 매우 강하다. 방합은 그 정도까지는 아니다. 위기를 극복하게 해주는 정도에 불과하며 대개 현상적인 면을 본다. 방합이 되니 크게 길하다는 둥 크게 흉하다는 둥 하는 말은 하지 않는다.

육합(六合)은 여섯 개의 합이라는 뜻이다. 지지의 합 중에서 가장 단순하다. 자오선(子午線)을 기준으로 양옆으로 멀어지는 순서대로 합을 한다. 엄밀히 말하면 자(子)의 오른쪽, 그러니까 자(子)와 축(丑)의 사이와 오(午)와 미(未)의 사이의 가상의 선을 기준으로 한다. 우주로 시야를 넓히면 지구의 자전축을 두고 같은 위도(緯度)에

있는 양 끝의 글자들의 합이 되는 것이다. 육합은,

자축(子丑)합,
인해(寅亥)합,
묘술(卯戌)합,
진유(辰酉)합,
사신(巳申)합,
오미(午未)합이다.

12글자를 두 개씩 짝지었으니 여섯 개가 되고 이를 육합이라 한다. 같은 위도에 있다는 의미는 지구로 보면, 같은 기후대에 있는 것이다. 같은 기후대에 살고 있는 사람들이니 동질성이 기본이다. 사계절이 뚜렷한 기후대에 살고 있다면 나뭇잎이 떨어지면 곧 추워지리라고 예상하고 대비한다. 적도에 살고 있는 사람들은 계절의 변화를 알지 못한다. 이렇듯 어떤 현상에 대해 예측하고 반응하는 것이 비슷한 사람들이다. 이들의 합 역시 그래서 사적(私的)이다.

육합 또한 천간합과 마찬가지로 합화(合化)하는 기능이 장착되어 있다. 하지만 육합의 합화(合化) 오행은 크게 염두에 두지 않아도 된다. 참고로 말하면, 자축합은 토(土), 인해합은 목(木), 묘술합은 화(火), 진유합은 금(金), 사신합은 수(水), 오미합은 화(火)로 화(化)한다. 어떤 경우에 합화의 기운이 발동할까? 해당 오행이 사주에 강할 때 동조하는 경향이 있다. 예를 들어 목의 기운이 강한 경우

일지 인목(寅木)의 옆에 해수(亥水)가 있다면 해수는 육합으로 인해 사주 전반에 강한 영향력을 가지고 있는 목의 기운에 동조한다. 그 정도다. 그렇다면 육합을 사주에서 어떻게 활용하면 좋을까? 비밀이지만, 별로 쓸 일이 없다. 육합의 합화하는 오행까지 살펴 가며 사주를 본다면 수백 가지의 이론을 가지고 한 사람의 사주를 오만가지로 해석하는 경우란 이야기이니 이미 그 풀이는 산으로 가고 말 것이다.

육합은 지지의 합의 기본적인 요소가 된다. 합력의 강약을 떠나 천간합 다섯 개가 있듯 지지합 여섯 개가 있고 합이 되어 있으면 관련 기운이 말 그대로 합쳐져 있는 것이다. 방합이 오행을 표상하고 삼합이 서로 다른 오행이 모여 강한 사회성을 드러내는 큰 기능을 하지 않는다. 충이나 형이 되어 있는 상황에서 합이 들어오거나 반대로 육합이 되어 있는 상황에서 충이나 형이 들어오면 상호 방해하는 작용을 하게 된다. 그 정도다. 육합은 지지의 기본적 합이라 생각하면 된다. 편안한 합이다.

지지합 - 삼합

사주에 조금이라도 관심이 있는 사람이면 지지의 삼합(三合)이 사주 간명에 있어서 매우 중요한 개념이라는 정도는 안다. 삼합은 지지의 생지(生地) 네 글자 중의 하나, 왕지(旺地) 네 글자 중의 하나 그리고 고지(庫地) 네 글자 중 하나와 엮어 국(局)을 형성한다. 오행으로는 왕지 글자를 따른다. 생지(生地)는 왕지 오행의 기운이 비로소 생성되는 장소로 이전 오행 방합의 생지 글자다. 고지(庫地)는 왕지 오행의 기운을 묻고 소멸시키는 장소로 다음 오행 방합의 토(土)의 글자다. 그렇게 되면 다음다음 오행이 무사히 제구실을 할 수 있도록 한다. 무슨 이야기인지 예를 들어 보겠다.

목국(木局) 삼합은 해묘미(亥卯未) 삼합이다. 이 세 글자 중에서 실제 목 오행에 해당하는 글자는 묘(卯)밖에 없다. 그러면 왜 해수(亥水)와 미토(未土)가 강력한 목의 기운을 가지고 있는 목국 삼합의 일원이 되었는가?

해수는 해자축(亥子丑) 수방(水方)의 글자다. 양력으로는 11월이다. 늦가을이고 초겨울이다. 야외활동을 하는 사람들은 이 시점에 한 해의 활동을 마무리하는 행사를 한다. 아직 돌아다닐 만한 시기이다. 그 이전의 계절은 가을인데 가을은 금(金)의 계절이고 목(木)을 극하는 오행이다. 그 금의 계절이 끝나고 겨울로 접어들게 되니 이제 목의 기운은 자신을 극하는 오행의 기운이 사라짐과 동시에 절처봉생(絶處逢生)하게 된다. 고개를 들게 된다. 그래서 그 시작점인 해(亥)가 목국 삼합의 생지(生地)가 되는 것이다. 그리하여 이를 천간의 갑목(甲木)에 대입하면, 뒤에서 배울 십이운성(十二運星)의 개념상 해(亥)는 갑(甲)의 생(生)에 해당한다. 그 이유가 삼합에 있는 것이다.

그렇다면 고지(庫地)는?

모든 삼합의 고지는 토(土)를 쓴다. 토는 그 자체로는 계절이 없지만 각 글자는 저마다의 방합(方合)에 속해 있으니 계절성을 어느 정도는 가지고 있다. 대개 토의 글자를 환절기라고 부르고 이번 계절과 다음 계절을 이어주는 역할을 한다고 한다. 맞는 말이다. 하지만 토(土)는 역시 저장소이면서 고지(庫地)다. 하늘과 땅의 경계이면서 금(金)과 수(水)를 밑으로 내리고 목(木)과 화(火)를 위로 올린다. 환절기라고 이해하는 것은 오행의 흐름을 이어주는 것으로 이해하면 쉽다. 그 이전에 저장하는 장소로 활용된다는 점을 이해해야 한다.

미(未)는 여름과 가을의 환절기다. 가을은 숙살의 계절이라고 했다. 모든 것을 거두고 결실을 보는 계절이다. 생명을 잉태하는 목(木) 기운이 이제 거두어지는 때가 된다. 여름의 끝에서 목의 기운을 제대로 잡아두지 않으면 가을이 제 기능을 하기 힘들다. 그리하여 목의 기운은 미토(未土)에서 갈무리가 된다.

삼합은 이렇게 한 오행이 생(生)하고 왕(旺)한 뒤 고(庫)에 들어가는 순환을 기본으로 만들어졌다. 각자의 역할이 있다. 삼합을 그 오행의 세력이 강해지는 것으로만 이해하면 안 된다. 삼합은 우리 삶에 변화를 일으키는 강한 동력이 된다. 각 오행의 삼합을 국(局)이라 하기도 하며, 뒤에서 배울 격국(格局)이라는 말도 격(格)과 삼합, 즉 국(局)을 일컫는 말이다.

목국(木局)은 해묘미(亥卯未)이고,
화국(火局)은 인오술(寅午戌)이며,
금국(金局)은 사유축(巳酉丑)이고,
수국(水局)은 신자진(申子辰)이다.

삼합은 목표지향적이다. 생지(生地)와 고지(庫地)는 자신의 오행적 특성을 희생하고 왕지(旺地)의 오행을 좇는다. 즉 대의를 따르며 운명을 만들어 간다. 예를 들면 해수(亥水)는 자신이 선천적으로 가지고 있는 수(水)의 기질이 묘목(卯木)을 만나면서 목(木) 오행에 편입되어 목국 삼합의 생지의 역할을 담당하고, 미토(未土)는 토(土)의 기질을 버리고 역시 목국의 고지 역할을 한다. 희생하면서 합을 이루기 때문에 운명에 미치는 영향력은 지대하다. 소위 합력(合力)이 매우 강하다는 말이다. 세 글자가 아닌 두 글자가 있는 경우, 왕지(旺地)만 있으면 생지든 고지든 하나만 추가하여 반합(半合)이 된다. 삼합의 합력에 준하게 영향을 끼친다. 왕지가 빠진 나머지 두 글자의 반합은 인정하지 않는다.

삼합이 오묘한 이유는 다양하다. 삼합을 이루는 지지들의 지장간(支藏干)을 보면 알 수 있다. 앞서 예를 든 목국 삼합을 보면, 해(亥)의 지장간에는 무(戊), 갑(甲), 임(壬)이 있고, 묘(卯)의 지장간에는 갑(甲)과 을(乙)이, 그리고 미(未)의 지장간에는 정(丁), 을(乙), 기(己)가 있다. 음양의 조화가 오묘하다. 목국 삼합답게 양(陽)의 목인 갑이 두 개, 음(陰)의 목인 을이 두 개가 조화를 이루고 있다. 목에게 필요한 토(土)도 양토인 무토가 하나, 음토인 기토도 하나씩 들어있다. 그리고 임수와 정화가 하나씩 있어 수와 화의 균형도 이루고 있다. 그러면서 목을 극하는 금(金)은 전혀 들어있지 않다. 목의 기운이 온전히 보전되면서 삼합 그 자체로 목의 기운이 강해진다. 목을 위한 모든 요소를 갖추고 있다.

원국에 삼합의 세 글자가 모두 지지에 들어있는 때도 있다. 이 경우 일지(日支)가 포함되어야 지지 삼합이 강하게 성립한다. 일지를 제외한 연, 월, 시가 삼합이면 성립은 되었으나 일지의 오행과의 관계를 따져보아야 한다. 월지(月支)가 포함되었으니 국으로 격을 이룬다. 뒤에서 배운다. 지지 삼합을 이루었다면 그다음 해야 하는 일은 일간(日干)과의 관계를 보는 것이다. 삼합 오행이 일간을 생하거나 같다면 매우 신강한 사주가 되므로 주체성을 강하게 띠게 된다. 재물을 취하기 쉽지만 교만함에 빠질 위험이 있다. 반면 지지 삼합으로 인해 일간의 힘이 빠지는 경우 운에 의해 인생이 파란만장할 가능성이 높다.

삼합은 사주의 많은 요소에서 두루 쓰인다. 심지어 사주와 무관한 삼재(三災) 같은 것에도 삼합의 원리가 쓰인다. 십이운성(十二運星), 십이신살(十二神殺) 등 사주를 해석하는 다양한 방법들에도 그 원리에는 삼합이 쓰인다. 삼합을 잘 이해하고 쉽게 활용하면 사주를 잘 볼 수 있다.

지지충 – 칠충(七沖)

지지합 중 육합이 있다. 사적인 합으로 자오선을 중심으로 같은 위도에 있는 글자 두 개가 합을 하는 것이라 했다. 지지충은 자기를 포함하여 일곱 번째에 해당하는 글자와 충을 한다고 하여 칠충이라 부른다. 천간의 충과는 달리 쌍방이 맞부딪히는 충이다. 칠충은,

자오충(子午沖),
축미충(丑未沖),
인신충(寅申沖),
묘유충(卯酉沖),
진술충(辰戌沖),
사해충(巳亥沖)이다.

눈치 빠른 사람이면 알겠지만, 칠충은 같은 부류의 지지들끼리의 충이다. 즉,

생지(生地)인 인신사해(寅申巳亥) 중에서 인신(寅申)이 충을 하고 사해(巳亥)가 충을 한다.

왕지(旺地)인 자오묘유(子午卯酉) 중에서 자오(子午)가 충을 하고 묘유(卯酉)가 충을 한다.

고지(庫地)인 진술축미(辰戌丑未) 중에서 진술(辰戌)이 충을 하고 축미(丑未)가 충을 한다.

지지의 충은 그 작용력이 크고 지지의 삼합과 방합에도 영향을 받고 끼친다. 충이란 깨진다는 뜻이다. 따라서 기본적으로 사주 원국에 있거나 운에서 충이 들어오면 사주에서 좋게 작용하던 글자의 역할이 깨질 수도 있고 나쁘게 작용하던 글자가 좋게 변모할 수도 있다. 어떤 쪽이든 충으로 인하여 활성화가 된다는 공통점이 있다. 물론 지나치면 글자의 뜻대로 깨질 수 있으니 유의해야 한다. 예를 들면 지지(地支)의 자(子)와 오(午)가 만나면 충을 하는데, 둘 다 사왕(四旺 또는 四正)의 글자이면서 오행으로 보아도 극의 관계이므로 불길한 작용이 클 수 있다. 반면 자의 지장간인 임(壬)과 오의 지장간인 정(丁)이 충의 작용으로 인해 튀어나와 합(지장간에 있는 글자끼리 합을 하는 것을 암합(暗合)이라 한다.)을 이루어 새로운 무언가가 만들어질 수 있다. 특히 정임합은 부부간에 유정함을 뜻할 수 있으므로 그런 면에서는 좋은 작용을 할 수 있다. 모든 합이나 충 등의 작용은 항상 좋은 면과 나쁜 면이 있게 마련이다. 삼합(三合)이나 육합(六合)의 작용까지 보아 종합적인 분석을 하는 습관을 길러야 한다.

사주 전체를 보는 데 있어서 충을 반드시 염두에 두어야 하는 또 다른 이유는 지지에서 충이 발생하면 충된 글자들은 통근(通根)의 자리로써의 역할을 하지 못한다는 것이다. 예를 들면, 월지(月支)가 인(寅)목인데 천간에 갑목을 투간(透干)해서 뿌리가 되었는데 일지나 연지에 신(申)금이 들었다면 인신충이 발생하여 갑목의 뿌리가 되기 어렵다.

지지의 형(刑)

지지에는 충(沖) 외에도, 형(刑), 해(害), 파(破)와 같은 개념이 있다. 이 중에서 해와 파는 다루지 않겠다. 크게 중요하지 않다. 물론 해와 파를 사주 분석을 할 때 염두에 두고 보는 경우도 있지만 그것까지 고려해야 한다면 할 일이 너무 많다.

형에는 삼형(三刑)과 자형(自刑)이 있다. 삼형에는,
인사신(寅巳申) 삼형,
축술미(丑戌未) 삼형,
그리고 자묘(子卯)형을 말한다.

이에 더해 삼형에 해당하지 않는 진(辰), 오(午), 유(酉), 해(亥)가 중복되면 형이 생기는 진진(辰辰), 오오(午午), 유유(酉酉), 해해(亥亥)를 자형이라고 한다.

형이라는 말은 말 그대로 형벌이다. 대체로 흉살이지만 내가 남을 다스리는 기운도 있고 큰 뜻을 이루게 되기도 한다. 길과 흉의 구분은 사주 원국의 강, 왕, 쇠와 운의 흐름을 읽어 판단할 수 있다. 형 또한 신살(神殺)의 일종이므로 쓰임에 대한 논란은 많다. 쓰고 안 쓰고는 보는 사람 마음이니 무어라 할 수는 없다. 사주 원국의 일지와 월지가 형에 해당하고 운에서 중복되어 들어오면 그 작용을 유심히 보아야 한다. 충이나 합도 마찬가지이다. 또한 운에서 삼형이 완성되거나 자묘형이 들어오는 경우도 작용력이 만만치 않다는 것을 알 수 있다.

인사신(寅巳申) 형(刑). 인사신 형 속에는 인신충(寅申沖)이 들어있다. 여기에 사화(巳火)가 더해져 기운이 강해진 것이다. 인사신 형은 인묘진 방합(方合)과 신자진 수국(水局) 삼합(三合)이 충돌하고 거기에 사오미 방합과 인오술 화국(火局) 삼합이 회오리를 치며 풍파를 일으키는 모양이다. 인사신 모두 지지 생지에 해당하여 저돌적인 기운이 강하여 질주하다 화를 당하는 꼴이다. 따라서 그 추진력을 잘 제어할 수 있는 사주를 구성한 사람에게는 출력이 큰 엔진을 장착한 셈이 된다. 활용할 능력이 되지 않는 자에게는 형이 될 것이고 길들일 줄 아는 능력을 갖춘 자에게는 천리마를 얻은 것과 같다.

축술미(丑戌未) 형(刑). 축술미 형 속에는 축미충(丑未沖)이 들어있다. 술토가 더해져 지지 묘지로서의 기운이 강해진 것이다. 신강한 사주는 형을 집행하는 쪽으로 좋게 흐를 가능성도 있다. 신약한 사주는 형을 당하는 쪽이 될 수 있다. 토의 기운으로 모인 삼형이다. 축술미는 묘지에 해당하고 결과물을 묻어두는 자리이다. 어떤 일에 대한 결론을 내고 마무리하는 형이 되겠다. 형을 당하는 쪽은 어떤 일의 결과를 남에 의해 보게 되고 형을 행하는 쪽은 일의 결과를 주체적으로 결정하는 기운이다.

자묘(子卯) 형(刑). 일부에서는 자묘형을 무례지형(無禮之刑)이라 하여 패륜, 불륜, 무례를 나타낸다고 한다. 도덕과 법 규범이 무시되는 꼴이다. 그런데, 여타 형살과는 다르게 자와 묘는 상생의 관계이다. 자와 묘는 또한 왕지에 해당한다. 따라서 이것이 형살인가 하는 의문이 드는 것도 사실이다. 왕한 기운이고 글자의 모양도 현침(懸針)처럼 뾰족하여 도화의 기운과 엮어서 성병이나 비뇨기 또는 부인과 쪽의 질병을 조심해야 하는 형살이라고도 한다. 물상으로는 화초에 얼음물을 끼얹는 모양이어서 묘목의 뿌리를 썩게 하는 형상으로 해석하기도 한다. 다르게 생각하면 이 물상은 묘목의 예민함을 극대화해 예술적인 분야에서 필생의 업적을 남길 수 있는 물상으로도 해석할 수 있다. 결론적으로 자묘형에 대해서는 형살이냐 아니냐에 대한 의견이 분분하기도 하고 어찌 되었건 자수는 묘목을 생하는 자리에 있으므로 그다지 형액의 크기는 크지 않을 것이다. 다만 운에서 자묘형을 보는 남자는 여자관계로 인한 문제에 신경을 써야 한다.

자형(自刑). 진진(辰辰) 자형, 오오(午午) 자형, 유유(酉酉) 자형, 해해(亥亥) 자형의 경우 지지에서 삼형을 뺀 나머지 글자가 중복된 경우인데, 진, 오, 유, 해를 가만두기 뭐해서 만든 억지 형살이 아닐까 한다. 일부에서는 오오와 유유 자형의 경우 도화와 관련하여 지나친 사랑이 병이 되는 모습으로 해석하기도 한다. 해해 자형은 물과 연관시켜 물가에 가지 말라고도 하며 역마와 연관시켜 교통사고 조심하라고도 한다. 이러한 형살 역시 이를 제어할 능력을 갖춘 자는 그 능력을 승화시켜 큰 성공을 얻을 수 있으리라고 한다. 다시 말하지만, 자형의 경우, 무시해도 좋을 만큼 그 영향력이나 작용의 일관성이 없다고 생각한다.

팔자 지지에 형충이 있는 것은 좋은 일이 아니지만 삼합과 육합으로 이를 해소할 수 있다. 이에 관한 내용은 심효첨의 자평진전(子平眞詮)의 형충회합의 해법을 논함(論刑沖會合解法)에 언급되어 있다.

“갑(甲) 일간인 사람이 유(酉) 월지를 두었는데 묘(卯)를 만나면 묘유충이 되지만 다른 지지에 술(戌)이 있다면 묘와 술이 합이 되어(卯戌合) 충의 작용이 일어나지 않는다. 육합이 충을 해소한 경우다. 만약 지지에 해(亥)와 미(未)가 있다면 묘가 들어와도 묘유충이 발생하는 것이 아니라 해, 미와 함께 해묘미 삼합을 이루느라 바쁘게 된다.”

십성(十星)

불과 얼마 전까지만 해도 집안마다 명리에 통달한 어르신이 한 분은 계셨다. 결혼할 때 신랑 측에서 함에 사주단자를 넣어 보내면 신부 측의 친척 어르신이 그 사주를 보고 신랑 될 사람이 어떤 사람인지 파악하곤 했다. 그리고 두 사람이 결혼해서 집안에 아이가 태어나면 그 사주를 보고 아이가 어떤 성향을 보일 것인지 운이 흐름이 어떨지 알아내어 양육하는 데 참고했다. 그 모든 판단의 기준이 바로 십성(十星)이다. 다르게 말하면 십성만 제대로 알고 해석해도 집안에서는 명리에 통달한 어른이 될 수 있다는 말이다.

별이 열 개라는데, 무엇에 쓰일까? 태초에 우주가 막 생기던 그 시점에 존재와 비존재라는 양과 음이 갈라졌다. 그리고 목화토금수(木火土金水)의 기운이 생겨나 상호 운동하며 우주가 탄생했다. 그 우주의 한가운데에 '나'라는 존재가 생겨났으니, '나'를 중심으로 한 천간(天干)과 지지(地支)의 생(生)과 극(剋) 그리고 제(制, 제어하는 기능)와 화(化, 변화시키는 기능)의 작용이 펼쳐진다.

십성(十星)이라고 하는 것은 '나'(日干)라는 운명의 주인이 가지는 오행적 특성을 중심으로 사주의 다른 일곱 개의 간지 성분 또는 운(運)에서 오는 간지의 음양오행 관계와 생극제화의 관계를 분석하는 도구이다. 십성은 명리학의 기본 골격이다. 오행과 음양으로 분화된 열 개의 별(星)이라는 의미다.

일간(日干)과 같은 오행의 글자를 비견(比肩)과 겁재(劫財)라 하는데, 이를 통칭하여 비겁(比劫)이라 한다. 일간이 생(生)하는 오행은 식신(食神)과 상관(傷官)이라 하며, 이를 통칭하여 식상(食傷)이라 한다. 일간이 극(剋)하는 오행은 편재(偏財)와 정재(正財)라 하며, 통칭하여 재성(財星)이라 한다. 반대로 일간을 극하는 오행을 편관(偏官)과 정관(正官)이라 하고 통칭하여 관성(官星)이라 한다. 일간을 생하는 오행을 편인(偏印)과 정인(正印)이라 하고 통칭하여 인성(印星)이라 한다. 모두 합하여 열 개가 되어 십성이라고 한다. 종류별로 묶어 비식재관인(比食財官印)이라고 하기도 한다.

명리학을 공부할 때 지나치게 공식에 의존하고 암기에만 몰두하면, 십성 이전에 오행이 있고 오행은 음양의 균형과 조화를 이루기 위해 운동하는 것이라는 원리를 망각하게 된다. 즉, 십성을 활용할 때 음양과 오행의 기본적인 성질을 간과하고 분석하여서는 안 된다는 말이다. 예를 들면, 목이 화를 생하는 것과 금이 수를 생하는 것은 매우 다른 양상이다. 따라서 십성 그 자체에 매몰되어서는 안 되며 음양오행의 기본을 고려하여 십성의 원리를 깨쳐야 한다. 일단 정리하면,

일간('나')과 동일한 오행이고 음양이 같으면 비견(比肩)이라 한다.

일간('나')과 동일한 오행이고 음양이 다르면 겁재(劫財)라 한다.

일간('나')이 생(生)하는 오행이고 음양이 같으면 식신(食神)이라 한다.

일간('나')이 생(生)하는 오행이고 음양이 다르면 상관(傷官)이라 한다.

일간('나')이 극(剋)하는 오행이고 음양이 같으면 편재(偏財)라 한다.

일간('나')이 극(剋)하는 오행이고 음양이 다르면 정재(正財)라 한다.

일간('나')을 극(剋)하는 오행이고 음양이 같으면 편관(偏官)이라 한다.

일간('나')을 극(剋)하는 오행이고 음양이 다르면 정관(正官)이라 한다.

일간('나')을 생(生)하는 오행이고 음양이 같으면 편인(偏印)이라 한다.

일간('나')을 생(生)하는 오행이고 음양이 다르면 정인(正印)이라 한다.

십성 간에도 생과 극이 존재한다. 비겁(比劫)은 식상(食傷)을 생하고 재성(財星)을 극하며 관성(官星)으로부터 극을 당하고 인성(印星)으로부터 생을 받는다. 마찬가지로 식상은 재성을 생하고 관성을 극하며 인성으로부터 극을 당하며 비겁으로부터 생을 받는다. 같은 원리로 재성은 관성을 생하며 인성을 극하고 비겁으로부터 극을 당하며 식상으로부터 생을 받는다. 관성은 인성을 생하고 비겁을 극하며 식상으로부터 극을 당하고 재성으로부터 생을 받는다. 인성은 비겁을 생하며 식상을 극하고 재성으로부터 극을 당하고 관성으로부터 생을 받는다. 오행의 생과 극의 이치와 같다. 앞서 말한 대로 목이 화를 생하고 금으로부터 극을 받는 것이 금이 수를 생하고 화로부터 극을 받는 것과 다르니 십성을 모두 똑같이 해석하면 안 된다.

십성의 심리

비견과 겁재 (比劫)

비견(比肩)

일간과 음양오행이 모두 같은 비견은 리더십과 주체성의 화신이며 자기 자신에 대한 믿음이 강하다. '나'를 상징하며, 지지에 비견이 있으면 운동능력이 좋다고 할 수 있다. 반대로 지지에 비견이 없으면 몸이 허약할 수 있다. 자기 정체성이 확실하고 일관성이 있다. 동정심이 강하고 금전거래에 약해 손해 보는 일이 많다. 독선적이고 융통이 없고 일의 스트레스에 비해 얻는 결과가 약한 단점이 있다. 집착과 편집으로 흐르기도 한다.

겁재(劫財)

일간과 오행은 같으나 음양이 다른 겁재는 원래 재물을 탈취한다는 뜻인데 남과 경쟁하여 재물을 취하려는 모험심이 강한 성격을 나타낸다. 계산에 빠르고 이재에 능하다. 그러나 겁재가 지나치면 재성에 문제가 생긴다. 질투가 심하고 남의 것을 탐하는 쪽으로 흐르기도 한다. 일간의 입장에서는 빼앗기는 기운이지만 뺏고 빼앗기는 경쟁의 모습으로 이해하면 된다. 한탕주의에 빠질 수 있고 도박에 중독될 수 있다. 겁재가 상관과 어울리면 자기만의 세계에 빠질 수 있다.

비겁이 강하면 주체성이라는 키워드를 떠올리면 된다. 각 오행의 특성이 주체성과 경쟁심이라는 기운으로 강해진다.

식신과 상관 (食傷)

식신(食神)

일간이 생하는 오행인데 음양이 같은 식신은 말 그대로 먹을 복이다. 길신 중 하나이며 부귀의 근원이다. 음 일간이 음을 식신할 때가 양 일간이 양을 식신할 때보다 영향력이 크다. 그러나 편인을 만나면 편인도식(偏印倒食)이라고 해서 밥그릇이 뒤집히는 일을 당한다. 현실적이고 긍정적이며 성실하다. 그러나 식신의 기운이 사주를 지배하고 있다면 그 사람은 게으를 가능성이 높으며 식신이 관성을 극하니 절제력을 잃을 수도 있다.

상관(傷官)

일간이 생하는 오행이나 음양이 다른 상관은 관(官)을 상한다는 뜻으로 기존의 관습에 반항하는 기질을 가지고 있다. 대개 언변이 능하고 자기 주관이 뚜렷하다. 남을 설득하는 능력이 있다. 그러나 상관의 기질이 강해지면 교만해지기 쉽다. 상관견관(傷官見官)하면 즉, 상관이 정관을 보면 직업운이 깨져 삶이 어려워질 수 있다.

식상(食傷)은 일간이 생해주는 오행이지만, 일간을 극하는 관(官)으로부터 일간을 보호한다. 식상으로 인하여 일간은 쉴 수 있다. 식상은 활동성을 나타내고 공동체 안에서 배려심을 드러내는 기운이다. 식상은 타자와의 관계에서 성립한다. 식상은 '일', '표현'이라는 단어로 요약된다. 사주에 식상이 강하게 있다면 남을 배려하는 마음이 있다. 측은지심이 발동한다. 비겁이 주체성으로 무장되어 남과 무관하게 살아가려는 기운이라면 식상은 공동체 안에서 자신의 기운을 발산한다. 부담스럽지 않게 말이다. 식신은 호기심, 상관은 반항심으로 상징되지만, 남에 대한 배려는 상관이 훨씬 강하다. 식신은 조금 게으른 면이 있지만 상관은 활동적이다. 식신과 상관은 '일', '표현'이라는 단순한 성향으로만 설명할 것이 아니라 정의로움, 배려심, 약자에 관한 관심, 희생정신 등으로 격상시켜야 한다.

재성(財星)

편재(偏財)

일간이 극하는 오행이며 음양이 같은 편재는 재성이나 음양의 조화를 이루지 못하고 치우쳐져 있다. 그래서 흥하거나 망하는 기운이 극단적인 성향을 보인다. 재성 자체는 식상이 상징하는 '일'에 대한 '결과'이자 '돈'을 뜻한다. 따라서 식상이 있는데 재성이 없으면, 한 일에 비해 결과가 약할 수 있고, 마무리가 약하다는 뜻도 될 수 있다. 편재는 한마디로 사업적인 기질을 나타내는 것으로 순간적인 판단력으로 결과를 얻고자 하는 심리를 보인다. 주도면밀하며 배짱도 좋다. 그러나 투기적이고 소비가 심한 단점이 있어 재물을 축적하는 능력은 떨어질 수 있다.

정재(正財)

일간이 극하는 오행이며 음양이 다른 정재의 심리는 안정과 보수로 보면 된다. 소유권이 확실한 재산을 뜻한다. 현실주의적이며 경제관념이 철저하다. 반면, 인색하고 인정이 없다. 현실에 안주하며 답답한 성격이다. 겁재에 의해서 모아둔 재물이 탈취될 수 있다. 정관을 가진 사람을 두고 공무원이나 큰 조직에 어울리는 사람이라고 할 수 있지만 정재를 가진 사람이 실제로 그런 경우가 많다.

재성은 결과 중심의 기운이다. 재성은 정(正)과 편(偏)을 막론하고 모두 길신(吉神)으로 본다. 사주에서 가장 좋다는 것이 재물이고 그다음이 명예다. 월급을 모아 축적한 재산이든 부동산 투자로 벌어들인 재산이든 재물은 모두 좋은 것이고, 남자의 입장에서 처든 첩이든 여자는 모두 마다하지 않는다는 선현들의 가르침이다. 관(官)의 경우 과거 봉건시대에는 정관(正官)은 최고의 길신이고 편관(偏官)은 살(殺)이라 하여 최악의 흉신으로 보는 것과는 판이한 접근방식이다.

요약하면 정재의 기운은 보수적 관점에서 정직하게 얻는 결과물이다. 사주에 정재의 기운이 강하게 있는 사람을 두고 돈복이 있을 것이라고 단순화하면 안 된다. 정재가 강한 사람은 일단 앞뒤가 막힌 답답한 성향일 가능성이 높다. 나무꾼이 평생 산에서 나무만 하다가 죽는 경우다. 가끔은 투전판도 기웃거리고 주색에도 빠질 법한데 정재가 강하면 묵묵히 생계에 전념한다. 그러다가 자칫 구두쇠가 될 수 있다. 반면 편재는 나에게 주어지지 않은 환경에서 무언가를 얻는 기운이다. 머리를 써서 결과를 얻을 방법을 찾는다. 기획력이 있다고 보면 된다. 그러니 정재와는 판이한 성향이다. 아니다 싶으면 다른 생각을 한다. 다양한 방법으로 결과를 취하고자 한다.

관성(官星)

편관(偏官)

일간을 극하는 오행이며 음양이 같은 편관은 칠살(七殺)이라고도 불리는 흉신(凶神)이다. 식신이 편관을 제압하므로 식신제살(食神制殺)의 경우에는 편관(偏官)이라고 부르고 그 외에는 칠살이라고 부를 정도로 무서워하는 흉신이다. 공명심과 하극상의 기운이 강하고 변덕이 심해 여러 직업과 직장을 전전한다고 여긴다. 여자의 경우 남자 복이 없고 정숙하지 못하다고 한다. 그러나 자기 주체성이 강해 조직 안에서 전체보다는 '나'를 더 중요하게 생각한다. 성격이 올곧고 사명감과 이타심이 있다. 신사적이며 치졸하지 않다. 때에 따라서는 편관을 흉신으로 보지 않는 경우도 많다.

정관(正官)

명리에서 가장 길(吉)하다고 믿는 십성이다. 일간을 극하는 오행이며 음양이 다르다. 사회의 규범을 따르고 조직에 충성하는 성향이 강하다. 바르고 가정적인 성향을 나타낸다. 사려가 깊고 공익적이며 '모두 함께' 성향이 강하다. 공직자의 성품으로 보면 된다. 성실하고 모범적이다. 그러므로 융통성이 없으며 우유부단하고 게으르다. 거만하고 위선적이기까지 하다. 정관이 강하면 스스로를 사회적 규범의 틀에 가두고 사는 사람이라고 본다.

다른 십성에 비해 관성은 조화가 절대적으로 필요하며 길흉이 극단적이다. 관성은 정관이든 편관(칠살)이든 간에 경쟁의 환경이다. 나를 극하는 극아자(剋我者)라고 하고 나를 통제하고 내가 지켜야 하는 규범의 틀이다. 남자에게는 자식이고 여자에게는 남편이다. 남자는 자식을 낳으면 스스로가 사회규범의 틀 안으로 들어가고 여자는 결혼하면 가정이라는 틀 안으로 들어간다. 정관(正官)은 보수적이고 안정적인 환경에 놓여있는 경우이고 편관(偏官)은 거칠고 변화무쌍한 환경에 처해있는 경우다. 그런 이유로 옛사람들은 편관을 가장 흉한 것으로 여겼다. 그러나 편관이 강한 사람은 역동적이고 자신이 가진 역량을 극대화하며 풍파를 헤쳐간다. 물론 좌충우돌할 수 있다. 흉이라면 흉이고 길이라면 길인 양면적인 성향이다. 정관이 안정적이라는 장점을 가지고 있어 예로부터 최고로 길한 것이라 대우받고 있지만 알고 보면 남들 신경이나 쓰며 사는 답답한 경우가 많다.

인성(印星)

편인(偏印)

일간을 생하는 오행이며 음양이 같은 경우 편인이라 한다. 편관,

상관, 겁재와 함께 사흉신(四凶神)으로 취급하기도 한다. 자평진전에서는 정인과 편인을 모두 인수(印綬)라 하여 길신으로 본다. 편인은 식신을 극하여 편인도식(偏印倒食)의 기운이 있다. 편인이 강하면 식신을 극하므로 성실성으로 승부하기 보다는 요령으로 승부한다. 그래서 권모술수에 능하다. 고독과 외로움으로 정의한다. 호기심이 많고 예민하며 감각적이다. 아웃사이더의 기질이 있다. 종교적인 성향도 있다.

정인(正印)

일간을 생하는 오행이며 음양이 다르다. 의식주의 안정과 학문 등을 표상한다. 인성이라하면 '공부'로 상징되는데 정인은 그중에서도 제도권의 학문에 매진한다. 그렇기 때문에 학업 성취가 용이하고 이름을 떨칠 수 있다. 그러나 타인을 의식하고 정체성이 모호하며 결단력이 약하다. 실행력이 부족하고 소인배적인 기질이 있다. 사주쟁이들이 흔히 '문서가 들어온다.'라고 하면 인성(印星)이 운에서 오는 경우를 말한다.

인성은 사람에 따라 정인(正印)을 길신으로 편인(偏印)을 흉신으로 보기도 하고 정과 편을 가리지 않고 길신으로 보기도 한다. 흉신을 나열할 때 살상겁효(殺傷劫梟)라 하여 편인을 효(梟)라 명하여 흉신으로 보기도 하지만 대개 살상겁인(殺傷劫刃)을 흉신이라고 하여 편인 대신 양인(陽刃)을 겁재가 이미 있음에도 또다시 구별하여 포함하기도 한다. 물론 살상효인(殺傷梟刃)이라 하여 양인과 편인을 모두 흉신으로 보는 경우도 매우 많다.

인성(印星)은 나를 생하는 기운(生我者)이며 자격, 어머니, 인성(人性), 공부 등으로 표현된다. 관성(官星)을 설(洩)하며, 식상(食傷)을 극한다. 즉, 나를 통제하는 외부의 기운을 빼고 내가 스스로 자제하는 힘을 얻게 되며, 내가 말하고 행동하는 양태를 규제하여 인간의 품위를 잃지 않게 한다. 따라서 보수적인 성향이 강하다고 볼 수 있다. 자존심의 근원이다. 그러나 인성이 지나치게 강하면 생각만 하고 행동을 하지 않게 되니(인성이 식상을 극하는 힘이 너무 강하므로) 우물쭈물하다 좋은 기회 다 놓치며 사는 인생이 될 수 있다.

십성(十星)과 육친(六親)

육친이라 하면, 가족 관계를 말한다. 육친과 육신을 혼동하여서는 안 된다. 육신(六神)이라는 것은 십성의 다른 말이다. 십성을 오행으로 묶으면 비겁, 식상, 재성, 관성, 인성, 즉 비식재관인(比食財官印)이 된다고 하였다. 여기에 이 관계의 주체가 되는 '나', 바로 아신(我神)을 포함하면 여섯 개가 된다. 이를 육신이라고 한다. 육신을 나를 포함하여 나와의 관계로 푸는 십성의 묶음으로 생각하자. 반면 육친은 가족이다. 육친 분류는 부모 형제 배우자 자식으로 국한한다. 생과 극의 관계를 이어 나가서 처가와 시가 조부모 등으로 확장하기도 하는데, 그것은 필요에 따라 해석하면 될 일이다. 일부에서 육친이라는 말을 육신, 십성과 혼동하여 쓰는 사람들이 있다. 그러거나 말거나다.

비견(比肩)과 겁재(劫財)는 '나'를 상징한다. 즉, 형제, 친구, 동료, 동업자와 같이 나와 대등한 관계에 있는 자들이 육친에 해당한다.

식신(食神)과 상관(傷官)의 경우, 여자의 입장에서 '내'가 생하는 것이므로 자식을 뜻한다. 일부에서는 남자의 경우, '나'가 극하는 재성을 생하는 것이 식상이므로 남자가 극하는 여자를 생하는 육친인 여자의 모친 즉, 남자의 장모가 식상의 육친이라고도 한다. 일부에서는 여자가 사회생활을 하고 남자가 가사일을 하는 경우 남자의 식신을 자식으로 보기도 한다. 일리가 있다.

편재(偏財)와 정재(正財)는 남자에게는 여자를 나타낸다. 일부에서는 정재는 배우자를 편재는 애인을 뜻한다고 말하기도 하지만, 실제적인 관계를 따지는 것이 맞다고 본다. 즉, 배우자가 더는 이성으로서 역할을 하지 못하면 재성이 아닌 비겁의 자리로 가야 한다. 여자의 경우에도 남편을 통제하고 규율하는 관계로 산다면 재성이 남편을 나타내야 맞다. 아직은 우리 사회가 그 정도까지 진보하지 않았으므로 당분간 재성은 남자에게 여자 또는 아내를 나타낸다고 해야겠다. 여자에게 재성은 시어머니라고도 한다. 이는 여자에게 관성이 남편을 나타내는데 그 관성을 생하는 것이 재성이기 때문이다.

편관(偏官)과 정관(正官)은 '나'를 극하는 자리로 여자에게는 남편을 남자에게는 자식을 나타내는 자리다. 여자에게 배우자의 자리는 관성으로 '나'를 극하고 통제하는 것이 남편이라고도 한다. 세상이 빨리 바뀌어 남자와 여자가 모두 '나'로 합일이 되어 '나'가 극하는 자리, '나'를 극하는 자리로 육친을 따졌으면 하는 바람이 있다.

편인(偏印)과 정인(正印) 모두 남자와 여자 공히 어머니를 뜻한다. '나'를 생(生)하는 것이 모친이기 때문이다. 십성을 육친으로 살펴보니, 안타깝게 아버지의 자리가 약하다. 아버지도 빨리 권위를 버리고 가족의 안으로 들어와 인성의 자리에 위치하기를 바라마지 않는다.

십성의 생극제화

십성의 개요를 설명하면서 언급했지만, 십성 또한 오행과 마찬가지로 서로 생하고 극한다. 요약하면,

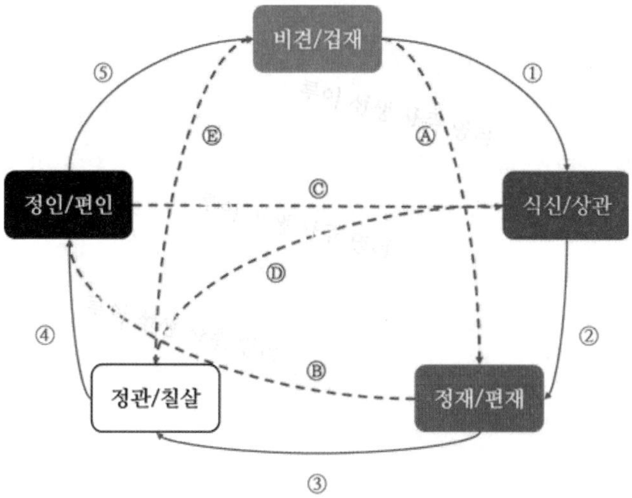

① 비견/겁재가 식신/상관을 생한다.
② 식신/상관은 정재/편재를 생한다.
③ 정재/편재는 정관/칠살을 생한다.
④ 정관/칠살은 정인/편인을 생한다.
⑤ 정인/편인은 비견/겁재를 생한다.

Ⓐ 비견/겁재가 정재/편재를 극한다.
Ⓑ 정재/편재가 정인/편인을 극한다.
Ⓒ 정인/편인이 식신/상관을 극한다.
Ⓓ 식신/상관이 정관/칠살을 극한다.
Ⓔ 정관/칠살이 비견/겁재를 극한다.

비견과 겁재가 강하면 식상을 생(生)하기 쉽고(①) 재성을 취하기(극하기, Ⓐ) 쉽다. 그러나 많은 비견과 겁재와 성취물(재물)을 나누어야 하니 실속은 없을 것이다. 그러는 것보다는 인성이 비견을 생해주면(⑤) 비견이 기운이 강해지니 재물을 취하기 쉽다. 그러나 그러한 구조에서 재성이 운에서 강하게 들어오면 재성 자체가 재성이 강하면 인성을 강하게 극하는데(Ⓑ), 이런 상황에서는 재물을 취할 힘이 빠지게 될 뿐만 아니라 인성 자체가 손상이 되어 인격에 문제가 발생할 수 있다. 십성의 상생상극은 이처럼 다양하게 적용할 수 있다. 뒤에서 다룰 용신(用神)의 성패(成敗)를 따질 때에도 이 관계로 설명한다.

십성 무자(無字)와 다자(多字)

사주 여덟 글자를 일간에 대비하여 십성(육신으로 크게 구분해도 괜찮다.)을 구별하다 보면 어떤 십성은 아예 없거나 어떤 십성은 지나치게 많은 경우를 본다. 없거나 많다는 것은 그 육신(六神)의 균형이 무너졌다는 것이다. 그 육신의 역할에 문제가 발생하여 인생의 행로에 영향을 미치게 된다. 그러나 많고 없고를 따지기 전에 생극제화부터 보아야 한다. 무자와 다자에 대해 이야기하는 이유는 그럼으로써 십성을 이해하는 데 도움이 되고자 하는 것이다.

일간 외 비견과 겁재가 없는 경우

알다시피 비견과 겁재는 나의 동료, 경쟁자, 형제, 동기처럼 함께 있으면 내 지원군이 되는 사람들이다. 그러나 내가 취해야 하는 재성을 나누어야 하고 나를 생해주는 인성의 지원을 빼앗아 갈 수 있다. 반면 나를 극하는 관살의 흉을 대신 짊어지기도 하니 그럴 때는 나를 보호한다. 그러니 비겁이 없으면 재성이 오롯이 나의 것이 되어 좋지만 관살의 극으로부터 나를 보호하지 못한다. 우군이 없으니 심적으로 부담을 느낄 수 있고 자신감이 부족할 수 있다.

일간 외 비견과 겁재가 너무 많은 경우

많은 경우라 하면, 일간 외 두 개에서 세 개 이상 되는 경우를 말한다. 없는 경우와 반대로 보면, 주관이 강하고 그러므로 타인과의 갈등이 빈번하겠다. 내 안에 내가 너무 많아 이랬다저랬다 하는 일이 잦을 수 있다. 재물을 놓고도 형제나 동료와 경쟁하고 나눠야 한다.

식신과 상관이 없는 경우

사주에 식상이 없으면, 거쳐야 하는 단계를 거치지 않고 성급하게 결론을 내리기 쉽다. 실천력이 부족하고 말주변이 없다. 행동 없이 결과를 기다린다. 연애에 있어서 이성의 호감을 사는 재능이 없어 운에서라도 식상운이 들어와야 연애가 가능하다.

식신과 상관이 너무 많은 경우

다재 다능하지만 동시에 벌이는 일이 많아 분주하다. 식상이 많지 않고 오히려 식상이 발달된 사람은 설득력 있게 표현을 잘하지만, 식상이 많은 사람은 조리 있게 말을 하는 것이 아니라 말만 많은 사람이 될 수 있다. 그러나 남의 말을 잘 알아듣는 장점은 가지고 있다.

재성이 없는 경우

사주에 재성이 없는 경우를 무재(無財)라고 하는데, 흔히 바람둥이가 많다고 한다. 남자에게 재성은 여자인데 사주에 그것이 없으니 항상 여자를 탐한다고 한다. 맞는 말인 것 같다. 또한 재물에 대한 욕심이 겉으로 드러나지 않으나 속으로는 물욕이 많을 수 있다. 없으므로 추구한다고 한다. 관성이 발달하고 재성이 없으면 앞뒤 재지 않고 돈을 막 쓰기도 한다. 무엇보다 무재 사주의 전형적인 특성은 일에 대한 마무리가 약하다는 점이다. 식상이 발달하고 재성이 없는 경우에는 일은 많이 늘어놓는데 끝까지 밀고 나가는 힘이 약하다고 한다.

재성이 너무 많은 경우

마무리해야 하는 일이 많아 바쁘다. 일간의 힘이 너무 빠져 신약해진다. 신약해져 있는데 편관 칠살이 오면 타격이 크겠다. 재성이 많으니 재물복이 있을 것으로 판단하면 안 된다. 일간이 뿌리를 잘 두고 있는 경우에 그럴 수도 있겠지만 많은 경우 과욕으로 화를 부를 수 있다. 재성은 인성(印星)을 극하므로 재성이 많으면 인성(人性)이 아름답지 못할 수 있다.

관성이 없는 경우

관성은 자신을 통제하는 육신인데 그것이 없으니 스스로를 통제하는 기능이 결여된 것이다. 주관이 앞서고 팩트에 기반한 판단보다 기분에 의한 판단을 한다. 기분이 태도가 되는 사람이다. 여자의 경우 남편복이 없다고 하지만 그것보다 남편의 간섭이나 통제가 먹히지 않는 사람이라고 보아야 한다.

관성이 너무 많은 경우

건강에 문제가 있을 수 있다. 일간을 극하는 성분이 많기 때문이다. 특히 편관, 즉 살(殺)이 많으면 사고로 인한 고생이 많을 수 있다. 남을 많이 의식할 것이고 체면이 무엇보다 중요할 것이다.

인성이 없는 경우

인성이 없으니 공부를 못할 것이고 모친의 덕이 없을 것이라 하면 안 된다. 현실적인 사람이라고 보면 된다. 사고(思考)를 기반으로 한 판단 보다 눈에 보이는 대로 행동하는 특성이 있다. 단순하다.

인성이 너무 많은 경우

오히려 재성으로 극을 받는 것이 낫다. 생각이 너무 많고 복잡하여 이러지도 저러지도 못하니 재성으로 자극하여 행동을 할 수 있도록 해야 한다. 인성이 너무 많으면 관성이 설기(洩氣)된다. 이성적이기 보다 감성적이 될 가능성이 높다.

무자와 다자는 그것 자체로만 보면 절대 안 된다. 십성의 생극제화가 사주 안에서 어떻게 벌어지고 있는지를 우선적으로 보아야 한다. 어떤 십성이 없으니 당신은 이렇다 저렇다 하면 지나치게 단편적인 해석이 될 것이다.

십성이 어떻게 사주에 있는지 예시 사주를 보자.

남자 사주

乙	乙	癸	辛
酉	卯	巳	亥

일간이 을(乙, 陰木)이다. 연간(年干)부터 보자. 양금인 신(辛)은 을목의 입장에서는 편관, 즉 칠살이다. 그 옆의 월간 계수(癸水)는 음수(陰水)로 편인이다. 시간(時干)의 을목은 일간과 같은, 즉 음양오행이 같은 비견이다. 천간의 기운은 일간과 시간이 을목 비견으로 뭉쳐 있으며 편관, 편인이 연간과 월간에 떠있는 상황이다. 지지는 연지 해수(亥水)는 양수로 정인이며 월지 사화(巳火)는 양화로 상관(傷官)이다. 일지(日支) 묘목(卯木)은 일간과 음양오행이 같은 비견이고 시지(時支) 유금(酉金)은 음금으로 편관이다. 십성을 보면 위의 사주는 여름에 태어난 을목이 편관, 편인을 두고 있어 큰 조직에서 순종적으로 살아가기는 쉽지 않은 모습이다. 더욱이 월지가 상관이므로 좋게 말하면 개혁적 성향이 강하고 나쁘게 말하면 사회규범에 순종하지 못하는 사람이다. 가장 큰 문제는 재성(財星)이 드러나 있지 않아 재물에 있어서 안정적이지 못하고 처복이나 여자복이 없을 수 있다. 없으니 탐할 수도 있다.

신강(身强), 신약(身弱), 신왕(身旺)

이 사주는 강한 사주일까? 약한 사주일까? 소위 신약(身弱), 신강(身强), 신왕(身旺)하다는 개념으로 어떤 쪽일지 알아보자. 사주가 신강하다는 개념은 비견이나 겁재가 나란히 있고 일간을 생해주는 인성도 제대로 자리를 잡고 있어 일간이 재성을 취하는데 문제가 없는 경우다. 그보다 더 왕성한 개념인 신왕하다는 것은 월지가 비겁이거나 인성으로 자리하는 경우다. 사주에서 일간 다음으로 중요한 자리인 월지, 즉 사주 전체의 계절을 정하고 일간의 사회성을 정의하는 자리가 일간에게 힘을 주는 형국이라면 신왕하다고 볼 수 있다. 신약한 사주는 월지에서 식상이나 재성, 관성으로 일간의 힘을 빼고 있으며 인성이나 비겁이 사주에 몇 개 없는 경우다. 따라서 위의 사주는 월지가 상관으로 일간의 힘을 빼고 있으며 편관이 두 개가 있어 신약하다고 볼 수 있다. 그러므로 재성(財星)이 운으로 들어와도 취할 힘이 충분하지 않다고 판단할 수 있다. 다만, 일지 비견이 일간의 뿌리가 되고 있고 인성도 두 개가 멀리서나마 힘을 보태고 있기 때문에 강약이 적당히 균형을 맞추고 있다고 본다. 그럼에도 신약한 사주인지 신강한 사주인지 구분하라면 신약한 쪽이라고 말할 수 있다. 참고로 신왕하다는 개념을 혼동하는 경우가 있다. 비겁이나 인성이 사주에 많으면 신강한 것 이상으로 신왕하다고 쓰기도 하는데, 이는 잘못된 것이다. 신왕하다는 말을 하려면 반드시 월지가 인성이나 비겁으로 일간을 도와야 한다. 최소한 지장간에 뿌리를 두고 있어야 한다.

그리고 각 십성이 자리하고 있는 지지가 일간 대비 어떤 기운을 가지고 있는지도 파악하는 것이 좋다. 사주의 상태를 일간의 강, 약, 왕으로 그리고 십성으로만 보기에는 한계가 있을 수 있다. 사주를 더 풍부하게 보기 위한 도구가 더 필요하다는 말이다. 그래서 생왕묘절(生旺墓絶)의 개념을 도입하기도 하는데, 이는 정통 자평명리학의 영역이 아니라 신살의 영역이다. 그러나 사주를 더 입체적으로 보기 위해서는 알아둘 필요가 있다.

자평명리학에서는 용신을 격으로 보기 때문에 굳이 신약, 신강을 따지는 실익은 없다. 그러나 사주 전체의 기운을 보고 격 용신이 어떻게 기능할 것인지는 알아야 하니 살펴볼 필요가 있다. 신강, 신약을 따지는 일에 몰두하는 경우는 용신을 억부로 보는 쪽이 많다. 즉, 사주의 기세가 약하면 보완해 주는 십성이 용신이고 사주의 기세가 지나치게 강하면 그 기운을 누르거나 빼주는 십성이 용신이라는 쪽에서 취하는 견해다. 용신은 그런 것이 아니니 몰두할 이유는 없다.

정신기(精神氣) 삼자라는 말이 있다. 정(精)이란 일간을 생해주는 인성(印星)을 말하는 것이고 신(神)은 활동의 영역인 식상(食傷), 재성(財星), 관성(官星)을 뜻한다. 기(氣)란 자신과 같은 비견이나 겁재를 의미한다. 사주에 최소한 이 삼자(三者)는 갖추어야 한다는 의미다. 갖추고 있으면 굴곡 없는 조화로운 삶이 가능하고 어느 하나가 비어 있다면 상대적으로 굴곡이 있는 삶을 산다고 한다.

정신기 삼자 중 정(精)인 인성이 비대한 사주라면 게으르고 생각만으로 인생을 사는 경우가 많아 가난할 수 있고, 신(神)인 식상, 재성, 관성으로만 구성된 사주라면 일하고 돈 버느라 건강이나 인품에 일찍 금이 갈 수 있으며, 비겁(比劫)이 왕성한 사주는 자기밖에 모르고 자존심만 세우다 사회성에 문제가 생겨 원하는 대로의 재물복을 누리지 못하는 수가 있다. 개천에서 용 난 사주나 소 판 돈 훔쳐서 무작정 상경한 뒤에 재벌이 된 사주는 논외로 하자. 그들의 특별함은 정말로 특별하기 때문이다. 우리가 사주팔자를 보는 데 있어서 재물복 있고 평생 굴곡 없이 잘살 것이라 말하는 때는, 정신기 삼자의 조화를 이루어 인간적인 면이나 사회성이나 추진력 등 모두를 잘 갖춘 사주를 볼 때이다.

십이운성(十二運星)

생왕사절

자평진전(子平眞詮)의 첫 시작은 논십간십이지(論十干十二支, 십간과 십이지를 논함)이다. 책에서는 음양(陰陽)의 생극(生剋)을 먼저 언급한 뒤, 음양(陰陽)의 생사(生死)를 말한다. 음양의 생사라 하면 바로 음간과 양간의 생왕사절(生旺死絶, 생왕묘절(生旺墓絶)이라고도 한다.)을 의미한다. 십이운성(十二運星)은 그곳에서 이론적 토대를 얻었다. 신살이지만 나름의 의미와 근거가 있다고 보면 된다. 십이운성은 인생의 흥망성쇠를 상징적으로 나타내는 것이다. 천간의 기운이 지지에 내려와 어떠한 형태로 자리하는지 볼 수 있다. 자평진전에는 음양의 생사 정도로 운만 띄운 다음 더 이상 논리를 이어가지는 않는다. 신살(神殺)의 영역을 무시하기 때문이다. 그러나 이를 모르고는 부와 귀의 나아감과 물러남을 이해할 수 없으므로 십이운성도 사주의 중요한 해석 도구로 인정해야 한다.

천간은 움직이며 쉬지 않는다. 지지는 조용하고 일정하다. 천간을 지지 12개의 월(月)에 대입하면 바로 생왕사절(生旺死絶)의 관계가 맺어진다. 이때 양(陽)은 순행하고 음(陰)은 역행한다. 사계절의 운행에 있어서 제 뜻을 이룬 오행은 물러가고 대기하고 있던 오행은 앞으로 나간다. 따라서 천간은 12개의 월을 운행하면서 일정하게 생왕묘절을 한다. 양과 음은 반대의 방향으로 운행하며 양이 생하는 곳에서 곧 음이 사하고 그 반대도 마찬가지이다.

예를 들어, 갑(甲)은 목(木)의 양(陽)이며 생기다. 따라서 해(亥)에서 생(生)하고 오(午)에서 사(死)한다. 을(乙)은 목의 음이고 하늘의 생기를 받아들인다. 따라서 갑목과 반대로 오화에서 생하고 해수에서 사한다. 물상으로 비유하면 나무는 해월(亥月)이 되면 가지가 벗겨지고 잎이 떨어지는데 그 안에 있는 생기는 거두어 저장되어서 돌아오는 봄에 발설하는 기틀이 된다. 이것이 바로 갑목이 해수에서 생하는 까닭이다. 오월이 되면 번성하여 생기를 완전히 발설해 버린다.

양의 기운의 정점인 화 오행은 봄에 태어나서(生) 자신의 계절인 여름에 왕해지고(旺) 가을이 오면 병들어 죽고(死) 겨울에 기운이 끊어진다(絶). 십이운성은 생욕대/록왕쇠/병사묘/절태양 12단계를 거치는 자연과 우주의 탄생과 죽음을 순환으로 표현한 것이다. 지지 삼합(三合)의 생왕묘 구조가 천간 지지에 결부된다. 천간 열 개가 지지 열두 개에 기운을 뻗치는 기와 질의 순환을 인간의 운명에 빗대어 유추해보는 작업이다.

즉, 사주명리는 십이운성과 지지 삼합(三合)의 상호작용을 통해 다양하고 스팩터클한 이야기를 펼쳐갈 수 있게 되었다. 십성은 그 이야기를 쓰는 언어가 된다.

乙	乙	癸	辛
酉	卯	巳	亥

위의 사주를 또다시 예로 살펴보자. 연지 해수는 일간 을목의 사(死)에 해당하고 월지 사화(巳火)는 을목의 욕(浴), 일지 묘목은 록(綠), 시지 유금은 절(絶)에 해당한다. 각각의 의미는 뒤에서 설명한다. 십이운성을 잘 쓰면 입체적인 사주 해석이 가능하다. 12개의 운성(運星)이 가지는 의미와 매커니즘은 사주 해석을 풍요롭게 한다.

십이운성은 십이신살(十二神殺)의 근간이 되기도 한다. 형충회합(刑冲會合)과 격국(格局) 용신(用神)까지 십이운성에 버무려지면 사주 간명(看命)은 이 세상 어떠한 학문의 분야보다도 더 난해한 학문이 된다. 바로 이 지점에서 얕은 지식으로 혹세무민하는 사기꾼이 튀어나오기도 하고 깊이 고민하고 넓게 공부하여 우주와 인간의 욕망을 꿰뚫어 보는 현자가 나타나기도 하는 것이다.

십이운성은 천간이 지지의 기운을 받아 생겨났다가 사라지는 과정을 12단계로 나눈 것이라 했다. 이는 곧 삼라만상의 순환 과정이다. 목화금수(木火金水)의 사행을 음과 양으로 나누어 지지 삼합(三合)의 원리에 따라 생(生)-왕(旺)-묘(墓)하는 것을 나타낸다. 토(土)는 화토동법(火土同法)에 따라 화(火)의 것을 따라간다. 이 원리를 포태법(胞胎法)이라고 한다. 예를 들면 금(金)의 삼합은 사(巳)-유(酉)-축(丑)인데 각각 생-왕-묘에 해당한다. 이러한 순환 과정을 열두 단계로 나눈다. 포(胞, 또는 절(絶)) - 태(胎) - 양(養) - 생(生) - 욕(浴) - 대(帶) - 록(綠) - 왕(旺) - 쇠(衰) - 병(病) - 사(死) - 묘(墓)가 된다.

십이운성 포태법은 오행의 각각의 계절적 기운이 어떤 과정을 통해 생왕묘 하는지를 알 수 있게 한다. 그런 흐름을 한 해의 흐름에 맞추어 열두 단계로 의인화했다고 보면 되는데, 그렇다고 이를 오행의 이치라고 해석하면 안 된다. 십이운성은 철저히 음과 양의 원리에서 태동한 것이다. 양이 죽는 자리에서 음은 생하고 거꾸로 음이 죽은 자리에서 양은 생한다. 양생음사(陽生陰死) 음생양사(陰生陽死)다. 태극을 떠올리면 알 수 있다.

우리가 명리학의 모든 이론을 섭렵하고 고서를 통달하여 사주 명리를 보는 순간 그 사람의 과거와 미래가 모두 다 튀어나올 수만 있다면 얼마나 좋겠는가? 그런 술사(術士)는 없다. 명리의 이론만으로는 사주를 보는 순간 만물을 꿰뚫어 볼 수 있는 사람은 없다는 말이다. 그런 의미에서 십이운성은 통변(通辯)을 할 때 잘만 쓰면 빠른 시간에 많은 것을 통찰할 수 있는 꽤 괜찮은 기법이다. 다양한 측면에서 명과 운을 보는데 도움이 된다. 사주를 볼 때 참고할 만한 이론이다.

십이운성은 음양의 원리를 인간이 태어나고 죽는 삶의 사이클에 적용한다. 그것을 열두 단계로 나누어 그 속성을 짚어내고 그것이 무한 반복하는 원리다. 사주 안에 있는 지지 네 글자의 상태부터 운에서 들어오는 지지의 강쇠(强衰)를 판단하여 각각의 기세를 파악할 수 있다. 근본적으로는 그렇다. 우선 사주팔자에 있는 네 개의 지지들이 어떻게 십이운성에 놓여있는지 본다. 그리고 놓여있는 자리를 원형이정의 원리와 그리고 궁성의 특성까지 파악하여 종합하여야 한다. 십이운성에는 봉법이니 좌법이니 종법이니 거법이니 하는 여러 가지의 해석법이 있다. 아부태산이나 미키쇼잔 같은 일본의 명리학자들이 정립한 이론이다. 이 네 가지 해석법을 터득하고 있으면 십이운성을 자유자재로 쓸 수 있게 된다.

일간이 음양으로 나뉘기 때문에 포태법도 양의 포태법과 음의 포태법으로 나뉜다. 양의 포태법은 순행하고 음의 포태법은 역행한다. 즉, 갑목의 포태를 돌릴 때는 해(亥)에서 생(生)하므로 생 다음의 욕(浴)에 해당하는 글자로 해 다음의 자(子)가 온다. 음의 글자인 을(乙)의 경우에는 오(午)에서 생하는데 욕(浴)의 글자는 오 다음의 글자가 아니라 이전 글자인 사(巳)가 된다.

양포태만 쓴다는 사람도 있다. 음의 포태를 쓰지 않는다는 것이 아니라 인종법을 쓸 때, 없는 육신을 해석하기 위해 양간만을 불러와서 쓴다는 의미다. 지장간에 없는 육신을 찾는 포태법을 인종(引從)법이라 하고 음이 아닌 양(陽)의 천간만을 가상으로 두고 포태를 찾는다. 예를 들어 앞의 사주에서 일지 묘목(卯木)에는 오로지 갑과 을만 지장간에 있다. 을목의 비견과 겁재이므로 다른 육신을 보려면 없는 글자를 가져와야 한다. 즉, 재성을 보려면 토(土) 오행의 글자를 가져와 대비해야 하는데 이때 오로지 양의 토인 무토(戊土)만 가져오는 것을 양포태법이라 하는 것이다. 기토(己土)는 불러와 쓰지 않는다. 일부에서는 음과 양 둘 다 보는 경우도 있다. 인종법을 쓸 때 양포태를 쓰기도 하지만 갑자를 맞추어 쓰기도 한다.

요약하면, 양의 천간 글자가 지지의 글자를 만나 십이운성을 찾을 때는 순행하며 찾고 음의 경우는 반대로 역행하며 찾는다. 그리고 지장간에 없는 육신을 찾아 십이운성을 적용하고자 할 때 양의 천간 글자만 찾아서 보거나 갑자포태를 찾아서 본다. 그게 전부다.

실제 글자를 보자. 갑목(甲木)은 삼합의 원리에 의해 해(亥)에서 생(生)한다. 그렇게 배치한 후, 지지 열두 개를 순행하여 나열하면 아래 표와 같다.

일간/포태	포/절	태	양	생	욕	대	록	왕	쇠	병	사	묘
甲	申	酉	戌	亥	子	丑	寅	卯	辰	巳	午	未

갑 일간이면, 신금(申金)은 절(絶)이 되고 유금(酉金)은 태(胎)가 된다. 같은 오행인 인(寅)과 묘(卯)에 이르면 록(綠)과 왕(旺)이 되어 전성기에 이른다. 그러다 화방(火方)으로 들어가면 병-사-묘로 기운이 사그라든다.

그런데, 을목의 경우는 음의 포태를 쓰므로 양생음사의 원리에 따라 갑의 생(生)지인 해가 을의 사(死)지가 된다. 그리고 순서를 역행한다. 같은 오행에서는 역시 록왕으로 강성하지만 수방(水方)으로 들어가면 기운이 쇠한다. 양과 음이 록왕을 중심으로 반대로 흐르는 것이다.

일간/포태	포/절	태	양	생	욕	대	록	왕	쇠	병	사	묘
乙	酉	申	未	午	巳	辰	卯	寅	丑	子	亥	戌

을의 사지에 해가 놓였는데, 을의 생-왕-묘지에는 오-인-술, 즉 인오술 화의 삼합이 자리하게 된다. 즉, 목이 생하는 화의 생왕묘가 을

의 생왕묘에 들어선다. 다만 왕지에는 인목이 자리한다. 생지에는 오화가 와서 목이 생하는 화의 기운을 암시한다.

다른 오행의 기운도 음과 양에 따라 같은 식의 배열이 되는데, 화와 토는 같은 배열을 하게 된다. 이를 화토동법(火土同法)이라고 부른다. 무토(戊土)는 병화의 순서를 따르고 기토(己土)는 정화의 순서를 따른다.

양일간의 포태는 다음과 같다.

일간/포태	포/절	태	양	생	욕	대	록	왕	쇠	병	사	묘
甲	신	유	술	해	자	축	인	묘	진	사	오	미
丙	해	자	축	인	묘	진	사	오	미	신	유	술
戊	해	자	축	인	묘	진	사	오	미	신	유	술
庚	인	묘	진	사	오	미	신	유	술	해	자	축
壬	사	오	미	신	유	술	해	자	축	인	묘	진

음일간의 포태는 다음과 같다.

일간/포태	포/절	태	양	생	욕	대	록	왕	쇠	병	사	묘
乙	유	신	미	오	사	진	묘	인	축	자	해	술
丁	자	해	술	유	신	미	오	사	진	묘	인	축
己	자	해	술	유	신	미	오	사	진	묘	인	축
辛	묘	인	축	자	해	술	유	신	미	오	사	진
癸	오	사	진	묘	인	축	자	해	술	유	신	미

십이운성 해석

절(絶)/포(胞)

완전한 어둠이야말로 빛이 태동하는 바탕이 된다. 그 완전한 어둠의 세계를 절(絶) 또는 포(胞)라고 한다. 세상과 완전히 단절된 상태라는 의미이고 아주 작은 씨앗이 생기기 전의 단계이다. 절처봉생하는 자리다.

십이신살로는 겁살(劫殺)이다. 운기의 바닥이며, 겁살이라고 하여 재물을 겁탈당하거나 빼앗아 오는 자리이다.

참고로 십이운성과 십이신살의 관계를 생각해 보자. 뒤에서 언급하겠지만 십이신살은 지지와 지지의 관계다. 따라서 십이운성과 십이신살은 일대일로 매칭이 되지는 않는다. 십이운성으로 갑(甲)의 절(絶)은 신금(申金)이다. 십이신살을 보면 해묘미(亥卯未) 목의 삼합의 글자에 대해 신(申)은 겁살에 해당한다. 즉 해(亥)에게 신(申)은 겁살이고 묘(卯)에게 신도 겁살이며 미(未)도 신이 겁살이다. 십이운성과 십이신살의 관계는 그런 것이다.

연주(年柱)에 절(絶)이 있으면 조상이나 부모와 연이 없게 되며 월주(月柱)에 있으면 대인관계가 어려울 수 있다. 일주가 절지이면 남에게 휘둘리며 가정에 충실하기 어렵다. 시주에 있으면 말년의 외로움을 덜어내기 힘들다.

십이운성 모든 인자는 어떤 인자와 서로 합하는가 그리고 지장간의 십성(十星)과 어떤 관계에 있는가를 함께 살펴야 한다. 하나의 운성을 보고 단정하면 안 된다.

태(胎)

갓 잉태된 상태이다. 십이신살로는 재살(災殺)이다. 유산이나 사산의 위험성이 높은 상태다. 대개 불안한 마음이 많으며 그래서 행동이 민첩하다. 조직의 힘에 의지하고 자립심이 부족하다. 스스로 외부의 영향력에 맞서지 못한다.

일지에 태를 놓은 사람은 자립심을 기르는 노력을 해야 한다. 연지의 태는 그저 조상이 좋은 집안이라는 뜻일 뿐이고 정작 월지에 태가 놓이면 부모대에 변동이 컸다고 본다. 시주에 들어있으면 물려받은 것이 있다고 하더라도 이미 자신을 돌볼 사람들이 세상을 뜬 이후이므로 스스로 그 재산을 지키지 못한다. 엄마의 뱃속에 들어있는 단계이니 대개 일정한 공간에 갇혀 사는 경우가 많다. 약국의 약사를 생각하면 된다. 태지에 있는 사람이 돈이 생기면 옷을 사 입는다. 불안하므로 눈빛이 예리하고 행동이 민첩하다. 무리를 짓고 다니며 인덕이 있다. 그래야 산다.

양(養)

만삭의 단계. 유산될 염려가 없다. 불안의 심리를 벗어나 이제는 낙천적이다. 십이신살로 천살(天殺)이다. 유산을 받는다. 자립심의 상징인 록(綠)이나 왕(旺)은 오히려 유산을 받지 못한다. 양이 재(財星)에 있으면 그 재산은 자신이 번 것이 아니라 상속을 받은 재산이다.

서서히 움트며 커가는 동력이 있다. 일지 양(養)이면 사교에 능한 사람이 많다. 본격적으로 태어날 때를 대비하여야 하므로 준비성이 중요한 성공의 키워드이다.

생(生)

장생(長生)이라고도 한다. 지살(地殺)이다. 막 태어난 단계이므로 시끄럽다. 자신의 존재를 알리고 싶어 하는 기운이다. 자기 자랑이 심하고 약진하는 기운이다. 또한 갓난아기에게 부모와 친지의 도움이 있듯 타인의 후원을 받는다. 후원성이라고도 한다. 직장에서는 상사의 후원이 있고 학창 시절에는 선생님이 편애한다. 꽃방석에 앉은 형국이다.

갓 태어난 사람에게는 양수나 탯줄을 자를 때 터져 나온 피가 묻어 있다. 그런 물상으로, 말 못 하는 부끄러운 과거가 있다고 해석하기도 한다. 그런 점은 상담을 할 때 좋은 시작 포인트로 쓸 수 있다.

연지(年支) 생지면 선대가 잘 살았을 것이고 월주에 있다면 훌륭한 인품을 갖추었다고 보며 일지에 있으면 부부의 연이 좋다고 본다. 시지에 있으면 자손이 영달한다. 장생의 기운은 보살핌의 힘을 얻는다고 했다. 즉 인성을 득했다는 것과 일맥상통하니 학문에 길한 명이라고 할 수 있다. 대신 장생의 기운을 얻은 사람은 한 우물을 파고 매진하는 추진력을 갖추어야 한다.

욕(浴)

태어난 생명은 씻겨주어야 한다. 씻김을 받은 생명은 어미와 비로소 분리되는 것이다. 새로운 환경에 적응해야 하는 때이며 고난의 시작이라고 할 수 있다. 씻긴다는 것은 벗어야 가능한 일이다. 발가벗었으나 아직 부끄러움을 모른다. 그리하여 욕은 도화살에 해당한다.

화려함과 깨끗함을 추구하며 변화에 적응을 잘한다. 자오묘유(子午卯酉) 왕지가 욕에 해당하는데, 모두 현침(懸針) 물상이다. 뾰족한 바늘처럼 생긴 글자들이다. 수술을 하기 위해 의사 앞에서 옷을 벗게 되는 일이 생긴다. 아기는 매일 목욕한다. 따라서 반복적인 행위를 상징하기도 한다. 쳇바퀴 도는 일상을 사는 사람이나 공부에 매진해야 하는 사람에게는 욕의 기운이 도움이 된다.

그러나 도화의 기운은 욕지를 둔 사람을 가만히 두지 않는다. 예술적 소질이 있는 반면 주색에 빠지기 쉽고 이성의 문제가 생기기 쉽다. 재성이 목욕을 만나면 예술가로서 성공할 수 있다.

대(帶)

전형적인 관대 물상이다. 다른 말로는 복장 물상이라고 한다. 월살(月殺)이다. 성장하여 관대를 갖춰 입고 직업을 얻거나 결혼을 하는 모양이다. 비로소 부끄러움을 알게 된다.

몸은 성장하였지만, 정신은 다 자라지 못한 단계라고 보아야 한다. 진정한 인간으로서 자리하기 위해 준비가 된 단계이다. 관대를 가진 사람은 돈은 있으나 쓰지 않는다. 결혼식을 올리면 축의금을 거두듯, 여러 사람이 돈을 모아서 주는 형국으로 이해한다. 즉 헌금이나 시주를 걷는 종교인이나 세금으로 먹고사는 공무원 등이다. 재성이 관대를 보면 여기저기에서 모아 놓은 재물을 의미한다. 그러나 외롭다.

록(綠)

의관을 차려입고 벼슬길에 올라 녹봉을 받아 가족을 부양하는 단계이다. 자립심이 있다. 록은 정기적으로 나에게 떨어지는 돈, 월급 같은 재물이다.

신살로는 망신살(亡身殺)에 해당하는데 처자식을 부양하면서 내 몸을 망가뜨리고 있는 형상이다. 성실하게 일하는 사람이지만 인복은 없다. 월급쟁이가 처자식을 먹여 살리는 모습이므로 관성(官星)의 기운에 영향을 많이 받는다. 아직은 젊고 힘이 뻗치는 단계이므로 뒤를 살피는 노련함은 없다. 생각의 여유를 찾도록 하는 것이 관건이다.

일부에서는 록(綠)의 기운을 좋은 기운이며 큰 기상이라고 칭송한다. 결국 유교 사회에서 신분제 시스템을 유지하기 위해 머슴에게 쇠경을 주며 처자식이나 먹여 살리는데 몰두하라면서, 쓸데없이 좌우를 살피고 생각이 많아지면 안 된다는 논리였을 것이다. 통치 이념에 부합하는 기운이니 당연히 미화하였을 것이다. 현대사회에서는 어쩌면 불쌍한 기운일 수 있다.

왕(旺)

지존의 자리에 오른다. 혼자서는 못한다. 누군가가 도와줘야 가능하다. 생지(生地)에서 후원을 받아 왕해질 수 있다. 신살로는 장성살이다. 정신과 육체가 완전히 성장한 단계다. 이제 쇠퇴하고 내려갈 일만 남았다. 강함의 끝이므로 고집과 아집이 생긴다. 그로 인하여 실패를 겪을 수 있다. 연지나 월지가 왕(旺)이면 번성할 것이지만 내 일주에 이 기운이 들면 고집이 세고 부부운이 약할 수 있음을 명심해야 한다.

관성(官星)과 만나면 군자로서의 면모는 갖출 수 있지만 그 기운이 지나쳐 실패가 따라올 수 있다. 이때가 되면 겸손함과 유연함을 길러야 한다. 인격의 수양이 필요한 지점이다.

쇠(衰)

매우 보수적이다. 현역에서 물러나 현역에게 자문하는 사람들이다. 구두쇠의 모습을 떠올린다. 신살로는 반안살(攀鞍殺)이다. 말의 안장에 올랐다는 뜻으로 노련하고 능숙한 단계이다. 가장 강한 기운을 지난 직후다. 반안살이 재성을 보면 큰돈이 오갈 수 있다. 알 것 다 아는 사람들끼리 큰 판을 벌일 수 있는 것이다. 손재수를 조심해야 하는 때도 이때다.

병(病)

기운이 약해져 활동하지 못한다. 그러면서도 신살로는 역마살이다. 움직여야 사는 시기다. 체력이 약하다. 돌아다니고 운동을 해야 한다. 움직이면 돈을 번다. 병지는 연로하여 활동이 줄어든 단계이므로 아무리 역마살에 해당한다고 해도 그 힘은 이미 많이 떨어져 있는 단계이다. 몸이 쇠약해 병이 든 것이 아니라 마음이 나약해진 것이다.

사(死)

육신은 죽었다는 뜻인데, 생각은 아직 살아있다. 육욕이 사라진다. 현실적인 욕심은 없지만 정신적인 기능은 아직 유효하다. 신살로는 육해살이다. 육해살은 그 뜻을 알게 되면 무시무시하다. 지지육합을 방해하는 살이라고 하는데, 고약한 액운이라고 보면 된다. 인간은 그러한 액운을 피하기 위해 대비하며 관리하게 되어 있다. 그러므로 자기관리에 철저한 특성을 가진다.

육체는 죽고 정신적 기능은 살아있어 추상적인 분야에서 뜻을 펼칠 수 있다. 사상, 교육, 출판, 종교 등의 분야에서 성공할 수 있다.

자신의 팔자에 재성이 사지(死地)에 있다면 추상적 분야에서 돈이 나온다고 해석하면 무리가 없다. 몸을 쓰는 분야로 가면 돈을 벌 수 없다. 머리를 굴려서 무형의 산물을 창출한다. 여자의 사주에 관성이 사지에 놓여있으면 남편은 추상적 활동(작가, 교육 등)을 하는 사람일 가능성이 높다고 해석한다.

묘(墓)

정신적으로도 삶은 끝났다. 사람들의 기억 속에서만 존재한다. 신살로 화개살(華蓋殺)이다. 해석하기 어려운 신살이다. 자신의 화려함을 감추고 있다. 그래서 더 매력적이고 그래서 도화살과 비슷하게 인식되고 있다. 그러나 화개살은 도화살의 화려함과 달리 감추어진 매력이기 때문에 사그라지지 않는다. 조용하고 관조적인 태도를 갖고 있다. 죽어서 장례를 치르는 장면을 생각하면, 그 행사는 어찌 보면 화려할 수 있지만 그 주인공은 관 속에 들어있다. 사람들이 모여들어 그 사람의 과거를 떠올리고 일생을 추억한다.

묘지는 여성에게 작용력이 더 세다. 역술인이나 부동산중개인으로 성공한 여성에게 묘지가 있을 가능성이 높다. 특히 재성이 묘지에 있으면 자수성가한 사람이다. 그러나 사주에 따라 잘 보아야 하는데, 임수(水)의 화개는 진토인데 진에는 화(火)가 없다. 재의 자리가 아니다. 수가 화개를 보면 돈이 없다. 병화(丙火) 일간의 경우 술토가 화개다. 술토의 지장간에는 재성인 신금(申金)이 있다. 화개에 있는 재는 착실한 저축을 의미하고 자수성가한 구두쇠다. 모든 십이운성에 있어서 재물운을 갖기 위해서는 그 해당되는 글자의 지장간에 재성이 있어야 가능하다.

포태법과 갑자포태(甲子胞胎)

십이운성을 배치하는 방법을 포태법이라고 한다. 사주팔자에 있어서 십이운성을 어떻게 적용하는가는 보는 사람마다 다르다. 앞서 십이운성을 설명할 때 언급했다. 적용 방법은 크게 네 가지로 봉법, 좌법, 종법, 거법이 있다.

봉법(逢法)은 일간(日干)을 중심으로 네 개의 지지를 보는 방법이다. 대개의 만세력을 보면 각 지지 아래에 장생이니 목욕이니 쓰여있는 것이 그것이다. 예를 들어 일주가 갑자(甲子)라고 하면 일간 갑목이 일지 자수를 보고 '욕(浴)'에 있다고 한다. 욕궁(宮)에 있다고도 한다. 만일 월지가 해수(亥水)라면 월지 아래에는 갑목 일간 대비 해수의 십이운성에 해당하는 생(生)이라고 쓰여있다. 연지와 시지도 마찬가지이다.

좌법(坐法)은 지지의 지장간에 있는 천간을 해당 지지에 대비하여 보는 것이다. 예를 들면 갑자(甲子)의 경우 자수에는 임수와 계수가 지장간에 있는데, 임수는 자수를 보고 왕지(旺地)에 있고 계수는 자수를 보고 록지(綠地)에 있다. 좌법은 "~地에 있다."고 표현한다.

종법(從法)은 인종법이라고도 하는데, 지장간에 없는 육신(六神)을 불러와서 십이운성을 보는 것이다. 일주가 임신(壬申)이라고 하면, 신(申)의 지장간에는 무토, 임수, 경금이 있다. 무토는 임수의 관성(官星)에 해당하고 지지 신금을 보고 병지(病地)에 있다. 임수는 임수의 비견에 해당하고 지지 신금을 보고 생지(生地)에 있다. 또한 경금은 임수의 인성(印星)에 해당하고 지지 신금을 보고 록지(綠地)에 있다. 여기까지는 좌법으로 본 것이다. 비어 있는 육신은 식상과 재성이다. 임수의 식상은 목이다. 식상을 보면 지지 신금과 짝이 되는 천간의 목의 글자 중 양의 글자는 갑(甲)이다. 그 경우 갑목은 신금을 보고 절(絶)에 있다. 이를 표현하는 방법은 "식상이 생궁(生宮) 절종(絶從)한다."라고 말한다. 또한 재성에 해당하는 오행은 화인데, 지지 신금과 짝이 되는 양의 글자는 병화이다. 병화가 신금을 보고 병(病)에 있다. 재성이 생궁병종한다.

거법(去法)은 아주 간단한 방법으로 각 주(柱)의 갑자 포태를 따로 보는 것이다. 연주 따로 월주 따로 일주 따로 시주 따로 보는 방법이다.

乙	乙	癸	辛
酉	卯	巳	亥

위의 사주를 예를 들어 네 가지 포태법을 보겠다. 위의 사주에서 봉법(逢法)으로 각 지지의 십이운성을 보면 일간 을목을 기준으로 연지 해수는 사, 월지 사화는 욕, 일지 묘목은 록, 시지 유금은 절에 있다. 일주의 좌법(坐法)을 살펴보면, 묘목은 지장간에 갑목과 을목을 두었으니, 갑목은 지지 묘목을 보고 왕지에 있고, 을목은 일주 그대로 록지에 있다. 종법(從法)으로 비어있는 육신을 따지면, 식상, 재성, 관성, 인성이다. 일주가 아래위로 음양오행이 모두 같은 간여지동이고 일지가 사정(四正)에 해당하는 묘목이니 그럴 수밖에 없다. 식상은 화인데, 갑자포태로 묘와 짝이 되는 것은 정화이고 정화가 묘목을 보고 식상 병으로 종하고, 재성은 토인데 묘와 짝이 되는 것은 기토이고 기토가 묘목을 보고 재성 묘(墓)로 종한다. 관성은 신금(辛金)으로 신금이 묘목을 보고 관성 절로 종한다. 인성은 계수로, 계수가 묘목을 보고 인성 생으로 종한다. 갑자포태를 쓴 것이다. 양포태를 쓰면 정화(丁火) 대신 병화(丙火)를 써서 묘(卯)에 대비하면 병(病)이 아닌 욕(浴)이 된다. 양포태를 쓸 것인지 갑자포태를 쓸 것인지는 각자 알아서 판단하면 된다. 정설이 있는 것은 아니다. 편하게 갑자를 맞춰 쓰는 것을 선호하기도 한다. 양은 양끼리 음은 음끼리 쓰는 것이 편할 수 있다.

거법(去法)으로 보면, 연주 신해는 욕, 월주 계사는 태, 일주 을묘는 록, 일주 을유는 절이다. 각각의 주(柱)의 기세를 살피는 방법이다.

십이운성은 운(運)을 살필 때도 많이 사용된다. 대개 세운을 볼 때 쓰는데, 예를 들어, 2020년은 경자년(庚子年)이었다. 경자는 십이운성으로 사(死)이다. 앞의 예의 일간 을목에게 경금은 정관에 해당한다. 따라서 관성이 사에 있는 셈이고, 일지(日支) 묘목(卯木)은 경금에게는 태(胎)에 해당한다. 일지 자체는 록궁이므로, 세운에서 오는 갑자와 일주의 십이운성을 서로서로 살펴보기도 한다. 십성의 십이운성적 동태를 파악하면서 세운을 해석하기도 한다는 말이다.

일주(日柱)를 중심으로 사주를 보는 경우도 많다. 사주 해석의 상당 부분을 일주의 분석에 할애하는 경우다. 그럴 때 쓰는 관법이 포태법이다. 예를 들어 경자(庚申) 일주인 사람의 육신(六神)의 상황을 십이운성으로 풀어서 보는 방법이다. 사주를 열어보고 풀이를 시작할 때 나름대로 괜찮은 방법이다.

십이운성을 잘 맞지 않는다고 하여 무시하는 사람이 있는 반면, 오로지 십이운성 해석으로만 사주를 보는 사람도 있다. 잘 쓰면 그만이다. 다른 것을 잘 써서 잘 보면 그것 또한 그만이다. 어쨌건 십이운성을 잘 이해했으면 활용하기 위해 암기해야 할 것은 해야 한다. 갑자 포태 60개는 외우도록 하자. 표에 정리하여 두었으니 시간 날 때마다 중얼중얼 외워보자. 물론 삼합을 활용하여 쉽게 외우는 방법이 있지만 십이운성에 그렇게 많은 지면을 할애하는 것은 낭비라고 생각한다.

甲子 욕	乙丑 쇠	丙寅 생	丁卯 병	戊辰 대	己巳 왕	庚午 욕	辛未 쇠	壬申 생	癸酉 병
甲戌 양	乙亥 사	丙子 태	丁丑 묘	戊寅 생	己卯 병	庚辰 양	辛巳 사	壬午 태	癸未 묘
甲申 절	乙酉 절	丙戌 묘	丁亥 태	戊子 태	己丑 묘	庚寅 절	辛卯 절	壬辰 묘	癸巳 태
甲午 사	乙未 양	丙申 병	丁酉 생	戊戌 묘	己亥 태	庚子 사	辛丑 양	壬寅 병	癸卯 생
甲辰 쇠	乙巳 욕	丙午 왕	丁未 대	戊申 병	己酉 생	庚戌 쇠	辛亥 욕	壬子 왕	癸丑 대
甲寅 록	乙卯 록	丙辰 대	丁巳 왕	戊午 왕	己未 대	庚申 록	辛酉 록	壬戌 대	癸亥 왕

[갑자 포태]

포태 일주론 예시

사주에서 일주(日柱)가 차지하는 비중은 크다. 일주만 보아도 대략적인 성향 정도는 파악할 수 있다. 물론 다른 여섯 글자와 대운을 함께 보아야 제대로 된 사주 풀이가 가능하지만 일주를 보면 그 사람의 의사결정 방식이나 기본적인 성격을 알 수 있다. 예를 들어 갑진(甲辰) 일주를 가진 사람은 어떤 사람인지 포태법을 중심으로 한번 풀이를 해보자. 일주 자체가 가진 신살(神殺)도 함께 보면 재미있다.

갑진(甲辰) 일주

변동성이 크고 복잡한 일주다. 민속에서는 백호살이 있다고 한다. 진토(辰土) 중에 갑목(甲木)의 겁재 을목, 정인 계수, 편재 무토가 있다. 그러면서 지장간 안에서 무계합(戊癸合)을 이룬다. 일간 갑목은 진토에 뿌리를 잘 내리고 있어 스스로 튼튼하다. 갑진 일주에게 잘 맞는 직업으로 군인이나 경찰 같은 쪽이 있다. 기가 강하고 백호살을 둔 일주는 잘 나가든지 곤곤한 삶을 살든지 극명하게 대비되는 삶을 살 수 있다. 그러므로 본인의 기질을 살릴 수 있고 조직의 안정성까지 얻을 수 있는 군인 쪽이 좋을 수 있다. 여자도 마찬가지다.

편재가 쇠(衰)에 있다. 재복이 좋고 남자라면 처복까지 있다. 갑진 일주의 궁은 편재 쇠궁(衰宮)이다. 무토 편재는 관대(冠帶)에 좌

(坐)한다. 정인 계수는 양(養)에 좌한다. 편재와 정인이 합을 한다. 내가 공부한 것으로 돈을 벌거나 공부를 하기 위해 돈을 벌거나 하는 모양이다. 대개의 갑진 일주는 매우 실용적인 생각을 하는 사람들이다. 전문직의 삶을 살기 위해 전공을 택하고 공부를 한다. 경력 관리도 그런 식으로 한다. 직장 생활 또한 자신의 계획대로 움직인다. 물론 자신의 성정이 뚜렷하고 고개를 숙일 줄을 모르니 한 직장에서 성공하지는 못하겠지만 전문적인 삶을 살아가는 데에는 지장이 없다. 재성과 인성이 합을 하였다는 것은 다른 말로 하면 머리를 써서 돈을 번다는 의미도 된다. 피땀 흘려 노력해서 돈을 버는 사람들이 아니다.

무계합은 화(火)로 화(化)한다. 갑진 일주에게는 식상(食傷)에 해당한다. 평생 먹을 복은 떨어지지 않겠다. 인성과 재성이 합하여 먹고사는 문제는 해결이 된다. 근면성실의 상징인 식상이 합을 통해 만들어지는 일주다. 공부하고 인격을 기르고 돈을 벌면서 성실성이 길러진다.

겁재 을목은 관대(冠帶)에 있다. 돈을 벌고 돈을 쓰면서 치열하게 살아간다. 겁재를 지장간에 품고 있어 형제간의 사이는 그리 좋지는 않겠지만 모두 부모의 덕은 누리고 산다. 식신은 병화(丙火)를 인종하여 관대(冠帶)에 있다. 여자는 자식 덕을 보겠다. 쇠궁(衰宮) 대종(帶從)하고 있어서 의식주의 모습은 험하지 않고 당당하여 할 말은 하고 산다.

관성은 경금(庚金)을 인종하여 양(養)에 있다. 의약 분야도 좋은 직업군이다. 여자의 경우 남편의 자리는 숙명적 인연이다. 관성이 양에 있다는 것은 어쨌든 강한 자리가 아니다. 갑진 일주 본인은 강한 백호의 기질이 있기 때문에 남편이 상대적으로 약하다. 육체적으로도 정신적으로도 그렇다. 게다가 진토 중의 겁재 을목과 합(乙庚合)을 하니 남편이 외도할 가능성도 있다. 갑진 일주는 이렇게 복잡다난한 성향을 가지고 있다.

육십 갑자를 일주로 보고 풀이를 한 책들도 무수히 많다. [**日柱論] 같은 책들인데 대개 십이운성 포태법을 활용해서 풀어낸 것이다. 독자들도 자기의 사주를 세워 보았으면 일주를 가지고 십이운성으로 풀어보면 재미있을 것이다.

십이운성으로 일주를 중심으로 푸는 것 역시 사주팔자 전체를 아우르지 못한다. 읽어보면 알겠지만 매우 어렵고 복잡한 풀이처럼 보인다. 십이운성은 뒤에서 논할 격국을 기본으로 사주를 풀어내면서 참고로 보면 좋겠다. 현대 자평명리의 근간은 역시 격국이다.

3.

내 운명의 비밀

용신(用神)

용신 논란(論難)

사주에서 용신이야말로 가장 의견이 분분한 분야다. 가장 중요한 요소인데 가장 정립되지 않은 분야라는 의미다. 하나의 사주를 두고 사람마다 용신이 무엇인지 가려내는 방법이 제각각이다. 저명한 이론가가 쓴 권위 있는 책에서조차 저마다의 이론을 펼치고 있으니 배우는 처지에서는 어떤 이론을 따라야 할지 난감한 일이다. 자평진전이 펼치고 있는 격국 용신을 두고 일부에서는 명리학의 이단이자 사이비라고 폄훼하는 일까지 있다. 현대 명리학이 일간을 중심으로 사주를 보는 자평명리학을 따르면서 용신에 있어서는 자평명리학의 원전인 자평진전을 따르지 않는다는 것은 둘 중 하나다. 이해를 못했거나 자기만의 다른 풀이법을 가지고 있거나다.

'용신(用神)이란 무엇인가?'부터 '용신은 어떻게 찾아야 하는가?'까지 용신처럼 골치 아픈 개념도 없다. 용신을 찾다 인생 날렸다는 우스갯소리가 있다. 자기 사주를 자기가 보겠다고 명리학을 공부하던 사람이 용신을 찾느라 세월만 보내고 말았다는 이야기이다. 그러다 보니 용신이란 것을 무시하고 오행만으로 사주를 본다든지 신살로만 본다든지 하는 방법들이 차라리 낫다고 하면서 쉽게 명리학을 오염시키는 행태들이 나타난다. 십이운성 포태법 역시 신살로써 그것만으로 사주를 보는 것은 꼬리가 몸통을 흔드는 것과 마찬가지다. 과거의 당사주를 볼 것이 아니라면, 자평명리를 기원으로 하는 현대명리를 쓰겠다고 한다면, 용신에 대한 개념을 나름대로 이해하고 쓸 수 있어야 한다. 십이운성도 용신을 제대로 쓰기 위한 보조적 개념이다.

용신은 쓰는(用) 십신(神)이다. 다 아는 이야기다. 중요한 것은, "쓰는"이라는 단어를 어떻게 보느냐이다. 주체가 누구냐 하는 점이다. 당연히 사주의 주인 명주(命主)가 주체가 되어 쓰는 것으로 본다. 스스로 정한다는 의미이다. 그 사람의 사주에는 그 사람이 쓰는 무기가 정해져 있다.

야구에 비유하면, 결정적 순간에 해결 능력을 발휘해 경기의 승패를 좌우할 홈런 타자로 성공할 수 있는 선수가, 열심히 달리기 훈련을 해서 도루하는 재능을 키워 타격 대신 대주자로 경기에 나서는 것에 만족하는 삶을 살았다고 해보자. 그 선수는 자기가 쓸 무기를 버리고 엉뚱한 곳에 에너지를 낭비한 것으로, 제 용신을 제가 제대로 쓰지 못하고 산 것이다. 비유하자면 그렇다는 것이다.

격국을 용신으로 보는 자평명리에서는 사주에 부족한 부분을 채워 균형을 맞추도록 하는 오행이나 글자를 용신이라고 정의하는 것을 인정하지 않는다. 억부(抑扶), 즉 강한 것은 억누르고 약한 것은 북돋우는 형태의 용신 개념이나, 조후(調喉), 즉 덥고 춥고 건조하고 습한 기운의 균형을 맞추는 형태의 용신 개념 역시 이 책에서는 논하지 않겠다. 사주에서 전반적인 조화와 균형이라는 개념은 매우 중요하다. 그러나 엄격한 의미에서의 용신이라는 개념은 그것과는 거리가 멀다.

용신 찾기

팔자용신(八字用神) 전구월령(全求月令)

사주팔자에서 용신은 오로지 월지(月支)에서 구한다는 의미다. 자평진전 용신편의 첫 구절이다. 이 구절로써 용신의 논란은 끝났다고 본다. 우리가 자평명리학을 채용하여 사주를 보겠다면, 용신은 월지(月支)로부터 구한다는 의미를 잘 파악하면 된다. 월지는 사주의 쓰임을 정하는 격(格)이고 그것이 곧 용신이다. 즉, 월지 그리고 월지의 지장간에 있는 천간의 기운이 사주 천간 중 일간을 제외한 세 글자에 드러나 있으면 뚜렷한 용신으로서 평생을 관장하게 되고 드러나지 않았으면 운에서 올 때 그 쓰임이 생기게 된다. 이때를 위해 지장간을 배워둔 것이다.

가장 이해하기 어려운 말은, '용신은 일간의 비타민이자 보약이다.'라는 말이다. 이 말은 용신은 좋은 것이라는 뜻을 내포한다. 사주를 완성하는 글자라는 뜻처럼 들린다. 용(用)이라는 글자를 용(龍)으로 착각한 것은 아닌지 의심스럽다. 억부를 기준으로, 조후를 기준으로, 필요한 오행을 취하는 것이 좋다는 것은 당연한 일이지만 이를 용신(用神)이라고 하면 안 된다. 용신은 월령에서부터 나와야 하는 것이고 천간에 투출하였다면 그 십성(十星)이 격이자 용신이 되는 것이다. 일부에서는 격은 격으로, 그 격을 성격(成格)하여주는 십성이 천간에 있으면 그것을 용신으로 보기도 한다. 그러나 자평진전의 원문에 입각하여 격을 용신으로 보고, 그 격을 성격하여 주는 십성을 상신(相神)이라는 것으로 보아야 한다.

용신은 '내(日干)'가 이 사회를 살아갈 때 쓰게 되는 무기다. 사회생활을 할 때 내가 활용하는 나의 메인 아이템이다.

만약 칠살격(七殺格)이고 편관이 천간에 올라와 있다면 칠살, 즉 편관(偏官)이 용신이 된다. 다만, 칠살을 잘 제어해서 써야 길(吉)하게 되니 식신이나 인성이 있으면 좋겠다. 만약 천간이 재성(財星)으로 흐르게 된다면 살을 생하기 때문에 좋지 않다. 격이 깨졌다 또는 파격(破格)이다 또는 패(敗)가 났다고 표현한다.

용신이 길신(吉神), 즉 식신, 재성, 정관, 인성이면 순용(順用)한다. 이를 사길신(四吉神)이라고 한다. 순용이라는 말은 그 용신에게 도움이 되는 쪽으로 쓰면 된다는 말이다. 만약 용신이 상관, 편관, 겁재, 양인 같은 흉신(凶神)이면, 역용(逆用)한다. 사흉신(四凶神)이라 하는데, 이 경우 그 용신을 극하거나 그 기운을 설(洩)하는 쪽으로 쓴다.

용신은 월지에서 찾는다고 했다. 정리하면, 월지의 지장간 중에서 정기(正氣), 즉 월지와 음양오행이 같은 글자가 천간에 투출되어 있으면 그것이 우선 용신이다. 정기가 올라오지 않았다면 중기나 여기를 찾고, 그래도 월지 지장간이 투출하지 않았다면, 대운에서 월지 지장간이 올 때 용신으로 삼아 그 기간에 쓴다.

월지가 사길신이나 사흉신이 아닌 비견과 겁재인 경우, 그것으로 용신을 삼지 않는다. 월지가, 즉 격이 비견이나 겁재면 줄여서 록겁격(綠劫格)이라 하는데 그것을 용신으로 삼지는 않는다. 양간의 겁재인 양인격(陽刃格)의 경우도 마찬가지이다. 이런 경우 우선 정관을 용신으로 본다. 양인의 경우에는 편관이 더 좋다고 본다. 그만큼 양인은 강하기 때문이다.

월지가 다른 지지들과 함께 삼합을 구성하는 경우가 있다. 예를 들어 월지가 해수(亥水)인데 일지와 연지가 묘목(卯木)과 미토(未土)라고 하자. 일간이 신금(辛金)이면 월지가 해수라도 상관격이 아니라 해묘미 목국 삼합을 고려하여 목(木)에 해당하는 십성인 재성을 격국 용신으로 본다.

용신이 좋은 것이라는 선입견은 버리자. 설령 용신이 성격(成格)되었다 하더라도 인생을 망치는 경우가 있다. 예를 들면, 관(官)이 용신이고 그것이 너무 강하여(일명, 관왕(官旺)하여) 평생 고급 공무원 시험 준비를 하다 늙어가는 경우다. 용신을 말할 때 자주 언급되는 극단적 예다. 그러니 차라리 용신 없이 대운의 흐름대로 대운에서 오는 자신의 길신을 등대 삼아 살아가는 삶이 더 나을 것이다. 용신을 너무 중하게 여기지 말자. 용신을 찾으려 애쓰는 것 자체가 우스울 따름이다. 내 사주의 월지(月支)에서 드러난 격 용신이 있으면 그것으로 삼고 없으면 운에서 들어올 때를 알아 그때 용신으로 삼으면 된다.

용신을 대하는 자세

월지(月支)의 지장간에 묻혀 있는 것이 내(日干) 용신이라 했다. 왜 그럴까 생각해 보자. 월지는 잘 알 듯 내가 태어난 계절이요 내가 태어난 환경이다. 부모가 물려준 '나'의 속성이다. 그러니 월지는 곧 내가 살아가게 되는 환경이고 내 모습, 내 성격, 내 기질이다. 내가 나를 부정할 수 없듯 (물론 대부분의 우리는 자신을 부정하고 싶은 것이 사실이지만) 내 월지를 부정할 수 없다. 팔자 전체가 월지를 무력화하며 한쪽의 기운만으로 쏠린 경우도 있다. 월지가 그 자리에 있는 것조차 무색하게 말이다. 그런 예외적인 경우를 제외하고는 우리는 나의 월지가 담고 있는 나의 근원적 성향을 잘 이용하며 살아야 한다. 그렇게 이 사회 속에서 살아야 하는 것이 순리이다.

격국(格局)이라는 말을 다시 한번 생각해 보자. 격(格)은 꼴이다. 월지 그 자체가 내 모습이라는 말이다. 국(局)은 월지를 포함해 지지가 삼합(三合)을 이루는 경우를 대비해서 넣은 글자이다. 월지 지장간에서 원국의 천간에 투출(透出)한 글자를, 그 십성(十星)을 나의 용신으로 잡는다. 지장간의 정기(正氣)가 천간에 투출하지 않았는데, 지지의 글자들이 월지를 포함하여 목국(木局), 화국(火局), 금국(金局), 수국(水局)의 삼합을 이루었다면 그 국(局)을 격으로 본다. 그러니까 격과 국이 용신이 되어 내가 이 사회를 살아가는 데 쓰게 되는 무기가 된다. 내 부모가 내가 태어날 때 내 손에 쥐여 준 아이템이다. 본능이다. 예를 들어 월지에서 상관(傷官)이 투출하여 내 용신이 되었다면 나는 본능적으로 상관을 잘 쓰는 사람이다. 원국에서 도와주고 운에서 부추기면 나는 상관의 기질을 쓰면서 살아가는 것이 가장 유리하다. 그것을 모르고 억지로 정관(正官)의 자세를 취하고 산다면 되는 일이 없을 것이다. 용신이란 그런 것이다. 그것이 소위 길신(吉神)이라 불리는 것이든 흉신(凶神)이라 불리는 것이든 내가 잘 쓰면 추진력을 얻게 될 것이고 오용하거나 남용하면 좌충우돌 진퇴양난 하게 될 것이다.

문제는 내가 써야 하는 용신이 무엇인지 모른 채 사회를 살아가다 경험적으로 생겨버린 나의 주관이다. '나는 이렇게 살아갈 것이다.'라는 가치관이 내 용신과 용신이 마주하게 되는 운(運)의 흐름과 어긋나게 되면 큰일이다. 대개 팔자가 정해 놓은 대로, 운이 터주는 길 대로 용신의 특징이 드러나며 살아가게 되지만, 사회생활의 수많은 변수에 의해 그렇게 되지 못하는 경우도 있다. 그런 사람들이 답답한 마음에 사주를 보러 온다. 본능적으로 용신을 잘 쓰면서 대운의 기운을 잘 활용하며 사는 사람은 사주를 보러 오지 않는다.

사주는 마음 수련의 도구다. 우리는 용신(用神)을 쥐고 대운(大運)의 기운을 마주하고 생왕사절의 흐름대로 세운(歲運)을 살다 늙어간다. 나아갈 때와 물러날 때를 알아야 하고 어떻게 나아가고 무엇으로부터 물러나야 하는지 알아야 한다. 어떻게? 단순하게 생각하자. 월지로부터 격(格)이나 국(局)을 잡고 그것을 용신으로 쓰면서 대운에 대입해보고 그 기운을 잘 헤아리며 살면 된다. 희신(喜

神)이나 기신(忌神), 구신(仇神) 같은 것들을 염두에 둘 필요는 없다. 용신과 상신(相神)의 개념만 잘 익히면 충분하다. 희신, 기신을 찾았다고 한들 그 뒤에 뭘 어쩔 것인가?

명리학의 이치를 전혀 모르고 살아온 젊은 시절을 후회하지 말자. 안 뒤에 저지르게 될 실수를 두려워하자. 치고 나아가야 할 때 머뭇거리거나, 물러나야 할 때 그러지 못할 것을 두려워하자.

용신과 기후

용신과 관련하여 잊지 말아야 할 것은 기후와의 배합을 고려하면서 그 상호 관계를 따져봐야 한다는 것이다. 내 용신이 기를 펴고 기운을 떨칠 계절을 만나면 일이 몇 배 쉽게 성취될 수 있고 반대로 가면 재능이 있고 노력을 한다고 해도 성취가 어려울 수 있다. 오로지 격으로만 사주를 보면 된다고 생각하는 사람들도 있지만 반드시 그렇지는 않다.

예를 들어, 인수격에 정관을 만나면 관인쌍전(官印雙全)이라고 해서 귀하다고 한다. 그런데 겨울철에 난 목(木) 일간이 인성인 수(水)를 만나면 정관 금(金)이 천간에 투출했다고 해도 반드시 귀하다고 볼 수는 없다. 왜냐하면 금은 차가운 성질이 있어 이미 겨울의 기후를 가지고 있는 물을 더욱 얼어붙게 만드니 목을 생할 수가 없기 때문이다. 일간이 신강하고 인성도 왕성하다면 식신이 투출하면 귀하게 된다. 식신은 화(火)가 될 테니 기후를 고려하면 목에게 쓰임이 좋을 것이다. 조후는 용신을 위해 이렇게 쓰이면 된다.

상관(傷官)은 흉신 중 하나다. 사주에서 가장 귀한 정관(正官)을 상하게 하니 그렇다. 하지만 금수상관격(金水傷官格)이라면, 오히려 정관을 보면 기세가 수려해진다고 한다. 상관이 만만해서가 아니라 조후(調候)가 급하니 이를 우선적으로 사용한다는 뜻이다. 상관이 칠살을 만나는 상관대살(傷官帶殺)의 경우 겨울의 금에 쓴다면 백배 더 좋다고 한다. 상관이 인성을 만나 자격을 얻어 좋다고 하는 상관패인(傷官佩印)은 여름에 더 좋다. 화(火)는 수(水)를 구제하고 수(水)도 화(火)를 구제하여 주기 때문이다.

봄의 목(木) 일간은 화(火)가 있으면 목화통명(木火通明)이 되어 좋은데 여름의 목(木) 일간은 그런 식으로 논하면 안 된다. 만일 목 일간이 여름에 난 경우라면 목의 인성인 수(水)가 조후를 맞춰주기 때문일 것이다. 식신(食神)의 경우에 정인을 만나면 편인 보다는 덜하지만 역시 극을 당한다. 그러나 여름의 나무, 즉 갑(甲) 일간이 사화(巳火)를 월지에 두거나 을(乙) 일간이 오화(午火)를 월지에 두는 식신의 경우, 인성인 수(水)를 반기기 때문에 오히려 귀하다고 볼 수 있다.

요약하면, 격국의 성패를 조후의 시급함을 고려해서 따지라는 것이다. 용신이나 상신이 패격(敗格)이 되었어도 조후의 심각한 불균형을 해결하기 위해 쓰였다면 그것으로 귀하다고 본 것이다. 그러니 배우는 사람은 항상 어느 원리를 배웠다면 그것을 확장하고 펼쳐서 두루 살펴보아야 한다.

상신(相神)

자평진전의 상신과 관련한 부분을 인용하면 이렇다. 상신이라는 것은 월지(月支)에서 얻은 용신을 성격(成格)시켜주는 십성(十星)을 말한다. 예를 들면 정관격(正官格)인데 재(財)가 생(生) 해주면 용신은 정관인 것이고 상신은 재가 된다.

사주 원국 전체의 격(格)이 어느 한 글자에 의해서 성격(成格)되는 경우에 그것을 상신이라고 부른다고 하였다. 자평진전에서는 용신이 손상되는 것이 자신(즉, 日干)이 손상되는 것보다 심한 것이며 상신이 손상되는 것이 용신이 손상되는 것보다 심하다고 하였다.

壬甲丁O
OO酉O

위의 사주에서는 갑목 일간이 유금의 정관을 용신으로 삼는데 상관 정화가 천간에 있으니 불길해 보인다. 그러나 시간(時干)에 임수가 있어 정임합(丁壬合)으로 상관을 묶어버리니 정관이 온전하게 남게 된다. 그렇게 정관격이 성격이 되었다. 이는 전적으로 임수라는 상신(相神)에 의한 것이다. 만약 임수가 사주에 없고 대운에서 온다면 그 10년은 아름다운 시절이 될 테고 무슨 일이라도 관(官)을 취하는 쪽으로 하는 것이 좋다.

O癸O丙

未卯亥O

위의 사주에서는 일간 계수가 해월에 났는데 천간에 정재 병화가 있다. 재성이 월겁(月劫)을 만난 경우다. 월겁격(月劫格, 월지에 겁재가 있는 상황)이지만 지지에 있는 월지, 일지, 시지가 해묘미(亥卯未) 목국(木局)으로써 흉신 겁재가 길신 식상(食傷)으로 변화되었다. 겁재를 식상으로 바꾸게 해준 묘목과 미토라는 상신(相神)에 의한 것이다. 상신이 손상되는 경우를 보자.

丁甲癸戊

OO酉O

갑목 일간이 유월(酉月)에 나서 정관을 쓴다. 그런데 상관 정화가 천간에 있지만 계수 정인(正印)이 있어 인성이 상관을 극하고 정관을 보호하게 되었다. 이 경우 계수를 상신이라고 볼 수 있다. 그러나 무토가 연간(年干)에 있어 계수를 합하여 가져가 버렸다. 이를 "합거(合去) 당했다."라고 한다. 그렇게 되니 상신 계수가 손상되고 상관이 살아났다. 이런 경우를 일컬어 유정(有情)이 변하여 무정(無情)하게 되었다고 하며, 유용(有用)이 변하여 무용(無用)하게 되었다고 한다.

사주를 볼 때 이러한 관계를 잘 살펴야 한다. 선뜻 성격(成格)이니 패격(敗格)이니 논하기 전에 상신이 온전한지 손상되었는지 살펴보아야 한다.

사길신(四吉神), 사흉신(四凶神)

길신이 영원히 길신일 리 없고 흉신이 영원히 흉신일 리 없다. 인생사 새옹지마(塞翁之馬)라는 진리를 누구나 경험하니 말이다. 사주에 있어서는 길신이라도 격(格)을 파괴할 수 있고 흉신이라도 격을 이룰 수 있다. 이 당연한 진리에 대해 조금 더 보충하여 설명하겠다.

사길신(四吉神)이라 함은 재관인식(財官印食)을 말한다. 정재와 편재를 아우르는 재성(財星)과 정관(正官), 정인(正印) 그리고 식신(食神)을 일컫는다. 사주에 사길신이 건전하게 자리 잡고 있으면 좋다고 한다. 무엇이 좋은가? 사길신이 격을 잘 잡고 있으면 조화롭게 삶을 영위할 수 있고 운에서 특별히 길신이 파괴되지 않는 한 평탄한 인생을 살 것이라 한다. 평탄하고 조화로운 삶이 좋다고 생각하는 사람에게는 그럴 것이고 그런 삶을 살 바에야 다시 태어나 롤러코스터 타듯 재미난 인생을 살겠다고 생각하는 사람에게는 그렇지 않을 것이다. 우선 어떻게 재관인식의 격이 파괴되는지 살상겁인(殺傷劫刃)의 사흉신이 어떻게 격을 이루는지 알아야 한다.

식신(食神)이 편관과 함께 사주에 있는 경우 재성이 천간에 있으면 재성이 칠살을 생하니 재가 격을 파괴할 수 있다. 식신이 칠살을 극하여 힘을 빼고 있는데 재성이 중간에 끼어들어 식신의 힘을 빼고 칠살의 기운을 돋우는 형국이다. 단순하게 생각하면 옛사람들이 최고로 치는 정관격이 식신을 보면 식신이 격을 파괴하고, 인수격인 경우 재(財)를 보면 재극인(財剋印) 하여 격을 파괴한다.

같은 상황인 식신이 편관을 잡고 있는 식신대살(食神帶殺)의 경우, 편인(偏印)을 보면 편인이 칠살을 설(洩)하며 통하게 하여 식신을 온전히 살려주므로 성격(成格) 된다. 재성이 칠살을 만나는 비극이 일어났는데(재를 취해야 하는 나를 죽이는 칠살이므로) 양인(陽刃)이 나타나 칠살을 감당해 내면 재성이 살아나 성격(成格)이 된다. 즉, 임수 일간인 경우, 편관 무토가 있어 재성이 있어도 재생살(財生殺)하여 일간을 심하게 극하게 되는데, 운에서 계수가 들어오면 무계합을 하여 편관을 묶어버린다. 이렇게 되면, 재성은 더 이상 상관을 꺼리지 않고 정관이 편인을 무서워하지 않으며 칠살이 양인을 꺼릴 이유가 없다. 사주 원국이 격을 이룰 수 있기 때문이다.

용신 오해

명리를 공부하는데 용신(用神)에 관한 '진리'를 찾는 것만큼 어려운 일도 없다고 하였다. 때로 혜성처럼 나타나는 술사들이 많은 명리학도를 매료시켰다 사라지면서 용신에 대한 개념도 매우 혼잡해졌다.

누구든 명리 공부를 시작했던 때를 떠올리면, 용신이란 무엇인가에 매달렸던 기억이 날 것이다. 학식이 높다는 술사들도 모두 사주에서 무엇이 용신인지 각기 다른 말을 한다. 그럴수록 고전으로 돌아가면 된다. 자평진전은 한두 번 읽고 말 책이 아니다. 명리를 공부하는 동안 늘 곁에 두고 읽으며 행간의 뜻을 파악하는 것이 좋다.

그렇다고 용신에 매몰될 필요는 없다. 많은 사람이 '일간의 강약왕쇠(强弱旺衰)를 헤아리지도 않고 사주의 조후를 살피지도 않으면서 어찌 용신을 구한다고 하느냐.'라고 할지 모른다. 자평진전에 있는 정도로만 용신을 따지겠다고 생각한 이유는 용신에 매몰되지 않겠다는 것이다. 실제로 상담하다 보면 용신을 따질 일이 그리 많지 않다. 격(格)을 보고 국(局)을 고려하면서 이 사람이 무슨 생각으로 사회생활을 하는지 그 무의식적 방향성을 간파하는 정도다. 그러니 용신에 매달려 입체적으로 사주를 보는 것을 포기하지 말자. 십이운성 포태법으로 육친(六親)의 관계도 살피고 물상 이야기도 하고 신살로 겁도 주면서 재미있게 이야기를 풀어가도록 하자. 그리고 희망을 주는 일을 게을리하지 말자. '희망이 없다.'는 것은 지옥의 대문에 붙어있는 말이라고 하지 않는가.

용신에 관한 이견(異見)

격이 용신이라는 단순한 개념을 인정하지 않고 다양한 용신의 정의가 뿌리 깊게 이어져 오고 있다. 많은 이들이 아직도 열심히 공부하고 있는 이론을 간단히 설명한다.

억부(抑扶) 용신법

단순하게는 일간이 지나치게 강하면 힘을 빼고 지나치게 약하면 돕는다는 의미이고 그러한 역할을 하는 십성을 용신으로 삼는다고 한다. 우선, 일간이 강한지 약한지부터 파악하는 것도 보통 일은 아니다. 격 용신의 경우 일간의 강약왕쇠가 그렇게 중요하지는 않지만 억부 용신법의 경우에는 그것이 전부다. 어쨌든 어렵게나마 일간의 강약을 찾았다면, 강한 일간의 힘을 빼는 방법에도 극하는 것과 설하는 것이 있으니 그 선택도 어렵다. 약한 일간이라면 비겁을 보태는 것이 좋을지 인성으로 생하여 주는 것이 좋을지 선택해야 한다. 그에 따라 용신이 달라지기 때문이다. 당연히 사주는 조화로운 것이 좋으니 사주 기운의 균형을 맞추는 것이 좋겠다. 용신은 좋은 것이라는 개념에서 출발한 접근법이다.

재미있는 예를 들면, 우리나라에 공식적으로 처음 소개된 사주가 조선시대 태종 이방원의 사주다. 편관격인데, 극히 신약한 사주다. 억부 용신법을 쓰면 일간을 보호하는 십성을 찾아야 한다. 아쉽게도 대운에서 그러한 흐름이 없었다. 그렇다면 이방원은 요절해야 정상이다. 그러나 이방원은 격을 용신으로 삼아 재생살로 흐르는 대운을 이해하고 과감하게 살기를 뻗치며 세상을 도모하는 쪽으로 나아갔다. 어느 집에서 태어났느냐도 매우 중요하고 아버지가 누구냐도 매우 중요한 것이 사주다. 일반 백성이 이방원의 사주로 태어났으면 온전히 살기는 힘들었을 것이다.

조후(調候) 용신법

사주는 계절의 학문이라고 했다. 월지에서 용신을 찾는 이유 역시 월지가 계절을 담고 있기 때문이다. 일간과 월지의 배합에 따라 그 계절적 균형을 맞추어 주는 글자를 용신으로 삼는 방식이 조후용신법이다. 특히 난강망이라고 하는 책에서는 일간과 월지가 어떤 조합인지에 따라 공식처럼 용신을 정했다. 그러기 위해 천간과 지지의 글자에 한난조습(寒暖燥濕)을 배속한다. 예를 들면, 오행으로 금과 수는 차가운 글자이고 목과 화는 뜨거운 글자다. 무토와 미토는 뜨거운 토고 축토와 술토는 차가운 토다. 수는 습하고 화는 건조하다. 무토는 건조하고 기토는 습하다. 지지에서는 술토와 미토는 건조하고 축토와 진토는 습하다. 거기에 월지의 계절을 대입하여 용신을 정한다. 예를 들면 사월(巳月)의 갑목(甲木) 일간인 경우 용신은 계수(癸水)고 사월(巳月)의 병화(丙火) 일간의 경우 용신은 임수(壬水)라는 식이다.

실제 사주를 볼 때 조후는 중요하다. 그러나 조후로 용신을 잡지는 않는다. 사주가 지나치게 차가운 경우, 대운의 방(方)이 목화로 흐르면 그 시기에 심신이 편안하겠다고 예상하는 것이지 용신이 들어왔으니 대길하겠다고 판단하지는 않는다. 용신이 반드시 좋은 신은 아니기 때문이다.

통관(通關) 용신법

사주의 기운이 서로 극하며 대립하고 있을 때 그 사이의 십성을 두면 상생하는 관계가 만들어지니 이를 용신으로 보는 경우다. 예를 들어 월지가 토(土)고 일간이 수(水)면 극하는 관계이므로 금(金)의 글자가 사주에 있으면 그것으로 용신을 잡는 방식이다. 토극수 하는 것을 토생금-금생수로 유통해 주기 때문이다.

이런 경우, 합과 충이 매우 중요해지는데 그 통관 용신이 합으로 묶이거나 충으로 깨지면 역할을 못 한다. 물론 그 합을 깨는 충이 들어오거나, 충을 묶는 합이 들어오면 반전의 큰 복을 받는다고 한다. 사주 전체적인 기운이 두 오행이 대립하고 있어 매우 긴장 관계가 형성되어 있다면 그 사이에 있는 오행으로써 유통시켜 주는 것은 매우 좋다. 그렇다고 그것을 용신이라고 하지는 않는다.

병약(病藥) 용신법

사주에 병(病)이 있으면 약(藥)을 주어야 하므로 그 약을 용신이라 한다는 논리다. 사주에 흉신, 즉 편관, 상관, 겁재 등이 있는데 이 흉신이 제어되지 않고 흉악한 역할을 하고 있을 때 그 흉신을 제압하거나 기운을 빼는 글자가 용신이라고 한다. 예를 들면 목 오행이 흉신으로 작용하고 있다면 경금(庚金)을 써서 부수고, 금 오행이 흉신이라면 정화(丁火)가 용신이라는 것이다. 그러면서 사주에 특별한 병조차 없다면 평범하다고 한다. 사주에는 병이 있어야 하고 용신을 얻는다면 크게 성공한다는 관법이다.

이 역시 당연한 말이고 그런 약이 되는 글자가 사주에 있다면 그 글자가 깨지면 좋지 않지만, 그렇다고 그것을 용신이라고 하지 않는다. 이 모든 다양한 용신 이론이 취하고 있는 태도는 같다. 사주에 약점이 있다면 그 약점을 보완하는 글자가 용신이라는 뜻이다.

다시 말하지만, 용신은 좋건 나쁘건 내가 '쓰는' 십성이다. 그것이 어떤 상태일 때 성(成)이고 패(敗)인지는 알고 도전하거나 수성하는 판단을 하면 되는 것이다. 용신이 격(格)으로부터 도출되지 않고 억부, 조후, 통관, 병약 등 사주에 좋은 역할을 하는 글자라고 오인된 이유가 무엇일까? 사람들에게 "용신 운이 들어온다."라고 말을 하면 당연히 좋은 일이 생길 것이라 해석하기 때문일 것이다. 그 사람에게 어려운 이론을 이야기하면서 용신을 설명하기 귀찮을 것이고 듣는 사람도 이해하기 어려울 수 있다. 용신을 사주에서 좋은 역할을 하는 글자로 설명하고 그때가 지금이라고 설명하면 상담받으러 온 사람의 가슴이 뛰지 않겠는가? 그래서 용신이 사주의 비타민으로 전락해버렸다. 월지의 십성을 우리는 격(格)이라 했고 그것이 용신이라 했다. 월지의 지장간 중에서 천간에 올라온 것이 월지와 같은 십성이면 그대로 격이며 용신이고, 달라지면 변격(變格)이 되고 바뀐 것을 용신으로 삼는다.

이제 월지(月支)의 십성(十星) 별로 각각의 용신이 어떻게 해석되는지 어떤 심리를 가지는지 알아보자.

월지 비견, 겁재, 양인인 경우

비견과 겁재는 용신이 될 수 없다고 했다. 따라서 월지에 비견, 겁재가 있는 경우에는 그것을 격(格)이라 하지 못하고 따라서 용신일 수 없다. 일부에서는 월지가 비견이면 월지 비견이라 하지 않고 건록격이라 하고, 양(陽) 일간이 월지 겁재를 두면 양인격, 음(陰) 일간이 월지 겁재를 두면 월겁격 또는 음인격이라 칭한다. 격이라 부르긴 하지만 용신을 뜻하는 격은 아니고 편의상 월지가 비견이나 겁재라는 뜻으로 이해하면 된다. 월지의 지장간에서 비견이나 겁재가 아닌 다른 십성이 천간에 올라왔다면 그것으로 격 용신으로 삼았을 것이다. 건록격이니 음인격이니 하고 부르는 이유는 투출한 용신조차 없기 때문이다. 이런 경우, 관성과 재성이 천간에 있으면 그것을 용신으로 삼고 그것마저 없다면 운에서 지장간의 십성이 들어오거나 관성과 재성이 들어올 때 용신으로 삼아서 쓰면 된다.

사주 안에 용신이 없는 경우라 일부에서는 이를 외격이라 칭했다. 예를 들면 봄에 태어난 목(木)이나, 겨울에 태어난 수(水) 그리고 진술축미 월의 토(土)의 경우 일간과 월령이 같은 오행이므로 용신을 찾기가 곤란하다. 비견과 겁재는 용신이 될 수 없기 때문이다. 체와 용의 본질적인 면을 생각하면, 일간을 체(體)로 보고 용신을 용(用)으로 쓰는 것이므로 일간과 월지가 같은 오행이면 용신으로 성립되지 않는다.

만약 비겁이 월지에 있는데 재성(財星), 정관(正官)이 천간에 있으면 이것을 용신으로 쓴다. 양(陽)의 일간이 월지에 겁재를 둔 양인격(陽刃格)의 경우 칠살이 있으면 그것을 우선으로 쓰면 좋다. 앞에서도 설명했지만 양인은 그 성격이 흉포하여서 칠살이 있어야 제압할 수 있다.

월지가 비견인 사람은 비견이 형제자매, 동료를 상징하므로 가까운 사람들과 있는 것을 선호한다. 동업이 가능한 경우다. 겁재가 월지라면, 경쟁심이 강하고 본인의 뜻대로 살려는 심리가 있다. 겁재는 불특정 다수를 의미하기도 하므로 그들을 상대하는 자영업도 괜찮다고 여긴다. 겁재 중에서 일간이 양간(陽干)이면 양인(陽刃)인데 겁재의 심리가 매우 강한 경우다. 매우 강한 경쟁심을 품고 있다. 무서운 것이 없는 사람들이라 호기심 왕성하고 모험심이 강하다.

그러한 성향을 가진 사람들이라는 의미일 뿐이다. 운에서 비견이나 겁재가 왔다고 용신운이라 착각하고 성격(成格)과 파격(破格)을 따지면 안 된다.

건록격이니 하는 말들은 월지 비견 겁재라는 의미일 뿐이라 했다. 예를 한번 보자.

O甲丙O

OO寅O

월지 비견을 두었고 양의 일간이다. 건록격이라 부른다. 그런데 인목(寅木)의 지장간에는 편재 무토(戊土), 식신 병화(丙火), 비견 갑목(甲木)을 두었다. 이 중에서 식신 병화가 월간에 투간했으니 이를 격으로 잡고 용신을 삼는다. 즉 위 사주의 격은 식신격이다. 만약 병화가 아닌 무토가 투출하면 어떻게 될까? 재격(財格)이 될까? 일부에서는 그렇게 보고 일부에서는 인정하지 않는다. 인목은 생지(生地)의 글자이고 그에 따라 지장간에는 무토가 여기(餘氣)로 들어 있다. 생지 지장간 무토를 격으로 삼지 않는 사람들이 많다. 사주는 이렇게 모든 것에 이견이 있고 다른 관법이 존재한다. 그러므로 "무엇이 정답이다."라고 말할 수 있는 것은 없다. 과학이 아닌 철학의 영역이기 때문이다.

자평진전에서 강력하게 요구하는 바가 있다. 즉, '관이 있으면 다른 외격을 찾지 말라.'는 말이다. 월지 안에서 격을 잡을 수 없는 상태라면, 사주에 정관(正官)이 있으면 그것을 용신으로 쓰면 된다는 뜻이다. 천간에 관이 없으면 어찌할 것인가? 재(財)가 있으면 그것을 용신으로 잡으면 된다. 그것도 없다면 어찌한단 말인가? 관(官)이 대운(大運)에서 올 때를 기다려라. 그때까지는 용신 없는 삶을 살면 된다. 자평진전에서도 가만히 쓸 때를 기다리라고 했다.

격(格)을 잡는 여러 가지 방법

월지 비견과 겁재의 경우 어떻게 하느냐를 논했다. 그 외 팔정격(八正格)은 어떻게 잡는지 살펴보자.

O甲OO
O戌午寅

일간 갑목의 월지 술토인 경우, 편재이니 편재격이라 부르는데, 연지(年支)에 인목이 그리고 일지 오화가 있다. 인오술(寅午戌) 화국의 삼합이 되므로 식신격이 된다. 만약 연지에 인목이 없다면 오술(午戌) 반합이 되는데, 반합을 격(格)으로 인정하느냐 삼합이 모두 있어야 하느냐의 이견이 있다. 격을 따지는 상황에서 반합은 대체로 인정하지 않는다. 인정한다고 하더라도 기운이 약하다고 평가한다.

O乙丙O
OO午O

위의 사주는 월지 식신인데 지장간 중 상관 병화가 투출해 상관격이 된 경우다. 월지 자체가 격이지만 지장간의 글자 중에서 천간으로 올라온 것이 있다면 그것이 격으로 변화한다.

같은 일간과 월지를 둔 다른 사례다.

O乙O丁
OO午O

이 경우는 식신이 그대로 천간에 올라와 있으니 식신격이 된다. 천간에 식신이나 상관이 모두 없어도 월지대로 식신격이 된다. 화국(火局) 삼합의 왕지(旺地)가 격이니 천간에 올라오지 않았어도 격으로 인정한다.

O壬O丁
OO寅O

위의 사주도 식신격이다. 그러나 월지 인목의 지장간 중 편재 병화(丙火)가 천간에 정재 정화(丁火)로 투출한 경우다. 재격(財格)으로 변격이 된 사례로 보기도 하지만 그렇게 보지 않는 사람도 많다. 의견이 분분하다.

이유는, 천간에 양화인 병화(丙火)로 올라온 경우라면 격으로 인정하지만, 음화인 정화(丁火)가 올라와 있다면 그 정화를 격으로 인정하지 않는다는 논리다. 인정하는 쪽과 인정하지 않는 쪽이 팽팽하다. 인정하지 않는 것이 맞는다고 생각한다. 해석의 여지를 넓혀 놓으면 변수가 지나치게 많아진다.

어떤 이론이든 취할지 말지는 본인의 판단이다. 어차피 사주 해석에는 정해진 공식이 없으니 알아서 본인의 뜻대로 취해서 쓰면 된다.

O丙壬O
OO辰O

위의 사주는 병화 일간이 월지 진토를 두었다. 진토의 지장간에는 을목, 계수, 무토가 있다. 그중에서 계수가 임수로 천간에 올라왔다. 지장간 음의 글자가 천간에 양으로 올라온 것을 인정한다면, 편관격이 된다. 그런데 월지 진토는 토(土)의 글자다. 월지에 토의 글자인 진술축미(辰戌丑未)가 있다면 이를 잡기격(雜氣格)이라 한다.

격국에서 잡기란, 사고지(四庫地)가 월지에 있어 격을 만드는데 그 월지의 지장간이 천간에 투출되는 상황에 따라 용신이 하나가 아닐 수 있어서 붙인 말이다. 또한 회합(會合, 三合)을 이루는 것에 따라 토(土)의 본질을 지키기 보다는 다른 오행으로 변화하는 성질도 있어서 이를 모두 고려하여 잡기라고 하였다. 지지(地支)는 천간과 달리 토(土)의 경우 각 계절별로 하나씩 모두 네 개가 배속된다. 봄의 진(辰), 여름의 미(未), 가을의 술(戌), 겨울의 축(丑)이 그것이다. 명리 공부를 시작하는 사람의 입장에서는 이 녀석들이 여간 골치가 아니다. 자평진전에서도 용신을 정함에 있어 월지 토의 글자가 있는 경우를 따로 분리해 설명하는 데에는 이유가 있을 것이다.

사묘(四墓)는 충기(沖氣)다. 용신을 논하는 자리에서 이것이 무슨 의미일까? 사묘, 즉 진술축미는 자기 색깔이 없다. 다른 사행과 달리 각 기운을 저장하는 창고의 역할을 한다. 그런 의미에서 사고지(四庫地)라고도 한다. 충기(沖氣)라는 의미는 목화금수의 기운을 가지고 있으면서 저장하고 넘겨주는 변화의 마디 역할을 하기 때문에, 조화를 이루게 하는 기운, 즉 화기(和氣)로서의 기능을 한다는 의미다. 명리에서 변화는 기운의 동(動)함을 의미하고 그 동인(動因)은 충(沖)에서 온다. 분명 토가 지지에 네 개나 있지만 회합에 의해 타 오행으로 변화하여 목화금수가 고르게 균형을 잡게 된다. 그래서 진술축미(辰戌丑未)가 월지에 있어 격을 이룰 때는 회합에 의한 변화도 살펴야 한다.

예를 들면, 진(辰)은 양(陽)의 토로 무토(戊土)를 저장하고 있다. 동시에 수(水)의 고지가 되며 계절로써 목(木)의 기운인 을(乙)을 담고 있다. 진술축미가 계절을 담을 때는 음(陰)의 천간을 쓴다. 계절은 땅에 내려온 기운이기 때문이다. 월지에 진토가 있으면 어떤 것을 용신을 잡을 것인가? 투간(透干)한 것이 있거나 회합(會合)하였다면 그중 청(淸)한 것을 쓴다. 즉, 복잡하게 합이나 충 등으로 탁해진 것이 아닌 생조를 받거나 뿌리를 내리고 튼튼하게 있는 쪽을 선호한다는 말이다. 무정(無情)한지 유정(有情)한지 구분한다. 회합을 하고 동시에 투간한 경우에는 둘 사이의 관계에 따라 무정하고 유정한 것으로 나눈다는 말이다.

잡기의 경우도 다양한 견해가 있는데, 예를 들면, 자신과 같은 토(土) 오행이 천간에 올라온 때에는 그것을 격 용신으로 잡지 않는 사람도 있다. 그러나 대개 그것이 비견과 겁재가 아니라면 해당 십성을 격으로 본다. 말이 잡기지, 다른 글자와 같이 활용하면 된다. 왕지(旺地)의 글자인 자오묘유(子午卯酉)는 왕지 오행 그 자체로 격이 되고, 생지(生地)의 글자인 인신사해(寅申巳亥)는 지장간의 글자가 어떻게 투출했는지 보면 된다. 이제 각 격(格)에 따른 특징을 살펴보자.

식신격(食神格)

월지 식신을 둔 경우이고 천간에 투출해 있으면 그것으로 식신격이 완성된다.

O甲O丙
OO巳O

월지 사화 중에는 무토, 경금, 병화가 지장간으로 들어있는데 정기(正氣) 병화가 천간에 올라와 있으므로 식신격이다. 이 사람은 식신의 성향을 가지고 있으며 그 기질을 발휘해서 세상을 살면 원활하게 뜻을 이룰 수 있다. 그렇다면 어떤 것이 식신의 성향인가?

식신(食神)은 일간과 음양이 같고 일간이 생(生)해주는 오행이다. 예를 들면 갑목 일간에게는 천간으로는 병화, 지지로는 사화가 식신이다. 음양이 다르면 상관(傷官)이다. 둘을 합쳐 식상(食傷)이라고 한다. 사주에 식상이 많으면 베푸는 사람이다. '내'가 타자를 생(生)하는 성분이므로 타자의 입장에서는 자신을 생 해주는 인성(印星)이다. 그래서 식상이 많은 사람은 대체로 착하다. 약자에게 약하고 강자에게 강한 성정을 가지고 있어 권위에 굴복하기보다는 항거하는 사람들이다. 식신은 그 기운이 조금 누그러져 있는 상태로 보수적인 성향을 가지고 있으며 상관은 말 그대로 관(官)을 치는 것이므로 반항의 기질이 강하다. 유교사상이 지배하던 시절에는 역모의 기운이라 하여 몹시 꺼렸다. 그러나 현대에서는 식상의 기질은 좋은 개성으로 나타난다. 뛰어난 언변과 활동성으로 변화에 잘 적응하는 좋은 성분인 것이다. 그러나 그 기질이 지나치면, 즉 식상이 사주에 너무 많거나 왕하면 자신이나 가족을 돌보지 않고 남을 위해 사는 안타까운 경우도 많다.

식신이 좋은 것은 편관, 즉 살(殺)을 제압하기 때문이다. 살은 십성 중에서 가장 흉한 성분인데 그것을 제살(制殺)하니 좋다. 상관 또한 살을 합하여 없애므로 좋지만 정관을 상하게 하므로 흉신인 것이다. 자평진전에 따르면 격 중 가장 좋은 것이 관격(官格)인데 상관은 그것을 상하게 하니 흉신이다. 식신은 길신이다. 식신은 재성을 생하고 살(殺)을 제(制)한다. 반면, 식신격이 편인을 보면 좋지 않다. 소위 편인도식(偏印倒食)이라 하여 밥그릇을 엎는 꼴이라 한다. 인성은 이성적인 성분이다. 가장 고차원적 정신활동이다. 식신은 동물적 본능이다. 배고프면 먹고 졸리면 자는 것처럼. 하고 싶은 말이 있으면 해야 하고 종족을 보존하기 위해 생식 활동을 해야 한다. 그런데 고차원적 정신활동이 작동하면 본능계가 무력해진다. 철학적 사유가 깊어지면, 공부를 하면 할수록 동물적 본능은 퇴화한다. 이성이 발달하면 본능을 이기고 밥 보다 책을 찾게 된다. 그런 의미로 편인도식이라는 말을 이해하면 되겠다. 육친적 관점에서 보면 극성맞은 또는 자기밖에 모르는 어머니(偏印) 때문에 자식이 망쳐지는 모습을 떠올리면 된다.

실제 사주를 떠올려 보자. 일간이 양간(陽干)인 사주가 있다고 하자. 천간 식신은 정관과 합을 한다. 예를 들면, 병화 일간의 식신인 무토는 정관 계수와 합(戊癸合)을 한다. 임수 일간이라면 식신은 갑목이 되는데 기토 정관과 합(甲己合)을 한다. 이런 경우에는 대개 식신도 용신의 역할을 못하고 정관도 용신의 역할을 못한다. 묶여버린 결과다. 일간이 음간인 사주의 경우에는 식신이 정인(正印)과 합을 한다. 을목 일간에게 식신은 정화인데 정인 임수와 합(丁壬合)을 한다. 일간이 양간이건 음간이건 식신은 길신과 합을 한다. 아까울 뿐이다. 길신으로 격(格)이 되었다고 마냥 좋아할 일은 아니라는 것이다. 순용해야 하는 식신이라는 용신이 다른 길신과 합이 되어 둘 다 쓸모가 없어지는 일이 생길 수 있는 것이다. 식신격은 그래서 재성을 보는 것이 제일 좋다. 식신생재(食神生財)하여 좋을 뿐 아니라 천간에 관이 있어서 식신과 합이 되는 것을 재성이 중간에 나서 식신생재 후 재생관(財生官)으로 흐르게 하기 때문이다.

상관격(傷官格)

흉신 중 하나다. 일간이 생하는 오행이며 음양이 다른 것이다. 상관(傷官)은 십성(十星) 최고의 길신인 관(官)을 상하게 한다고 하여 최고 흉신 중 하나가 되었다. 살(殺)과 함께 아주 조심스럽게 다루어야 하는 격으로써 두려움의 대상이다. 상관의 이미지는 권위에의 저항, 자유로운 영혼, 약자에 대한 배려, 재치와 뛰어난 표현력 그리고 예술성 등이다. 월지 상관이 격으로 천간에 떴다면 제대로 된 상관인 것이고, 그중에서 목화(木火) 상관격, 금수(金水) 상관격이 상관이 성향이 뚜렷하다. 즉, 목 일간이 화 월지를 보고 천간에 화가 투출하면 목화 상관격이 된다. 금 일간이 수 월지를 보고 천간에 수가 투출하면 이 또한 금수 상관격이 된다.

O乙O丙
OO巳O

상관격 사람들은 머리가 좋다. 예술성이 뛰어나다. 이를 역으로 생각하면 상명하복하고 개인 보다 조직의 이익을 중시하는 사회에서는 적응하기 힘들다. 그런 사회에서는 리더가 되어야 상관의 성격을 드러낼 수 있다. 여자의 경우에는 유교적 가치관에서 강요하는 남편에 순종하는 여인이 되기 힘들다. 그러기보다 무능한 남편을 대신하여 집안을 이끄는 편이 나을 것이다.

명리학의 철학적 가치는 조선시대를 거치면서 철저하게 유교적 가치로 변하였다. 기존의 질서를 고수하려는 관(官)을 극하는 상관은 변혁의 원동력으로써 당연히 인정받아야 하는 가치일 텐데, 억울하게도 흉(凶)한 것이 되었다. 상관이 있는 여자는 관성(官星)인 남편을 극하는 성분을 가지고 있는 것이니 좋지 않은 사주라 했다. 조선을 거쳐 지금까지 이어온 6백 년 동안 우리의 유교적 가치관이 얼마나 어리석고 부패한 것이었는지 생각하면 비통할 뿐이다. 지금이라고 다르지 않다. 변화는 악이고 개혁은 역모인 시대가 너무 길게 이어지고 있다.

상관격에 관한 용어들이 있다.

상관생재(傷官生財). 식신과 마찬가지로 상관도 재성을 생(生)한다. 그런데, 음과 양이 반대이기 때문에 그 생하는 힘이 식신보다 훨씬 강력하다. 동성끼리의 우정보다 이성 간의 애정이 훨씬 더 강력하지 않은가.

상관패인(傷官佩印). 상관은 조직생활에 있어서 순응하고 따르는 사람들이 아니다. 그들은 변화를 추구하고 이끌어가기 좋아한다. 달변가들이며 재치가 있어 사람들이 좋아한다. 상관은 예술성까지 겸비하고 있어 감성적 면이 강하다. 인성(印星)은 이성적이고 합리적인 면이기 때문에 상관과 인성이 함께 있으면 조화를 이룬다고 할 수 있다. 또한 상관은 이미 언급한 대로 개혁적 성향이 강한데 그것이 말로만 그치고 구호로만 그치는 것이 아니라 그럴만한 자격을 얻은 뒤에 행하는 것이라면 현실성이 있게 된다. 즉 국회의원이라는 자격을 갖추고 국민의 뜻을 대변하여 개혁을 이끌어가는 모습이 상관패인인 것이다.

상관견관(傷官見官). 상관패인과는 경우가 반대다. 상관이 관(正官)을 극하니 자신을 통제하는 힘이 없어진 경우다. 상관이 인성을 보고 상관패인이 되면 재치 있는 달변가가 될 수 있는 것이라면, 정관을 만나 상관견관이 되면 정관을 극해버려 언행이 불손해지고 예의가 없는 사람이 되어 버린다. 개혁적 리더가 되는 것이 아니라 불만에 가득 차 하극상을 일삼는 삼류 인간이 된다.

상관을 잘 쓰면 멋진 인생이 되는 것이고 못 쓰면 볼썽사나운 인생이 된다.

재격(財格)

격국에서 재성은 정(正)과 편(偏)을 가리지 않고 모두 길신으로 본다. 둘 사이에는 약간의 차이가 있기는 하다. 예를 들어 정재격은 자기 분수대로 범위 내에서 벌고 쓰고 원하는 바를 이룬다. 성격이 단정하고 투기성이 적다. 반면 편재격은 범위가 넓다. 정당하다면 아끼지 않는다. 투기성도 있고 등락도 심하다.

재성은 '나'인 일간(日干)이 극하고 스스로 성취하는 것이므로 그것을 격으로 삼는 사람은 우선적으로 신강해야 한다. 그러나 지나치게 강하면 성격이 흉포할 수밖에 없다. 그럴 때는 반드시 재성이 관(官)을 생하는 쪽으로 향해야 한다. 그렇지 않으면 귀(貴)함이 없는 속물로 전락한다. 사주에 재성이 많으면 당연히 내 힘이 빠진다. 비견과 겁재, 인성이 부족하면 더 심해지는데, 좋은 운이 들어와도 재물을 내 것으로 만들지 못하는 안타까운 일이 생길 수 있다. 남 좋은 일만 하고 말 수 있다. 재격 사주가 인간성도 겸비하고 재물운도 있으려면 당연히 조화를 이루어야 한다. 다른 격에 비해 조화가 더 중요한 것이 재격이다. 인성(印星)이나 비견이 일간에게 힘을 주거나 일간이 지지에 근(根)을 두고 있어 뿌리가 튼튼하여 재성을 쓸 수 있는 체력이 되어야 하고 그런 다음 관(官)을 보는 재생관(財生官)이 실현되어야 속물성을 벗을 수 있다. 한편, 식상(食傷)이 재성을 생하는 쪽으로 향한 사람들은 열심히 일해서 돈을 버는 사람들이다. 그리고 생기 있고 활달한 성격이 많다. 돈 관리도 잘하면서 현실적이고 사회성 좋은 사람들이다. 남자의 경우 재성을 여자로 본다. 그러므로 식상이 발달되어 있으면 연애를 잘한다.

재격이 관을 보면 작은 일을 하는 사람일지라도 주위의 인심을 얻고 사는 사람일 테고, 관성(官星)이나 인성(印星)으로 향하지 않고 식상이 재를 생하는 것에 그치게 되면 재물복이 있을지는 몰라도 귀(貴)하다고 말하기 어렵다.

재격은 정재와 편재를 가리지 않는다고 하였다. 약간의 차이가 있다고 하였는데, 어떤 것일까? 실제로 격이 정재격이냐 편재격이냐 하는 것에 큰 차이는 없다. 그럼에도 구별하자면, 정재격을 짠 사람은 배우자와의 연이 대체로 좋다는 특성을 발견했다. 흔히 정재격 사주는 안정적 경제관념이 있어 투기 성향이 적다고 하는데 정재격의 특성은 경제적인 면이 아니라 성격에서 더 두드러진다. 계획성이 있고 말수가 적으며 고지식한 면이 있다. 처와 자식을 중심으로 한 가족을 중시하여 오히려 부모와 사이가 멀어지는 경우도 많다. 편재격 사주와 차이가 나는 부분이 경제적인 성향이 아니라 성격적인 차이가 난다는 말이다.

재격이 가장 신경 써야 하는 것은 인성(印星)과 어울렸을 때이다. 흔히 재극인(財剋印)이라는 말은 들어보았을 것인데, 재성이 인성을 극한다는 것이다. 인수격(印綬格)인 사람이 재성을 보는 경우다. 재물을 탐하면 인성(印星)이 다쳐 인성(人性)이 무너진다고 한다.

탐재괴인(貪財壞印)이라고도 한다. 돈 때문에 인간성을 잃는 것이다. 남자의 경우에는 돈과 여자를 탐하다가 인간성을 잃게 되는 경우도 되겠다. 그런데 이 경우는 재격이 아닌 인성이 격을 이룬 인수격이 재성을 보는 경우에 해당된다. 재격이 인성을 보는 경우는 오히려 재격패인(財格佩印)이라 하여 좋은 경우다. 자격을 갖춘 사람이 돈을 버는 경우다.

庚丙甲乙
寅申申未

자평진전에 나오는 사주를 예로 들겠다. 일간 병화가 월지 신금(申金)을 보았고 신금의 지장간 중에서 경금(庚金)이 천간에 투출했으니 재격(財格)을 이루었다. 갑과 을의 인성이 일간을 사이에 두고 경금을 보고 있다. 재격패인이라 하더라도 재성은 인성을 극하기 때문에 맞붙어 있는 것보다는 떨어져 있는 것이 좋다. 따라서 위의 사주는 재성 경금이 인성을 바로 극하기 보다는 병화를 사이에 두고 패인(佩印)하고 있어 인성이 잘 살아나게 되었다.

재격 사주가 꺼리는 성분은 비견이나 겁재다. 비견과 겁재가 내(日干)가 취해야 하는 재성을 나누어 가지거나 빼앗아 가기 때문이다. 이를 군비쟁재(群比爭財), 군겁쟁재(群劫爭財)라고 한다. 재격 사주에서는 비견이나 겁재의 운(運)이 들어올 때 조심해야 한다. 재물과 처에 문제가 발생할 수 있다. 이럴 때 도움을 줄 수 있는 것이 식상(食傷)이다. 比-食-財로 유통을 시켜 오히려 좋아지기 때문이다. 사주에 비견과 겁재가 많은 재격이라면 식신이나 상관 운이 들어올 때 숨통이 트일 것이다. 그러니 사주에 무엇이 많고 무엇이 적어 문제라고 한다면 그 운이 들어올 때 반전이 있게 되는 것이다. 삶은 그래서 다이내믹하고 재미있다.

정관격(正官格)

관격(官格)이라고도 한다. 최고로 꼽는 격이다. 관(官)은 곧 국가다. 권위의 최고봉이자 어떤 것도 거역하지 못하는 지존의 권력이다. 상관(傷官)을 흉신으로 보는 이유가 그 권위에 도전하는 것이기 때문이다. 하지만 현대의 국가론에 있어서 상관성을 그렇게 나쁘게 보지 않고 자유로운 영혼으로 본다고 하였다. 이제 국가의 권위가 절대적이어서 그 권위로 개인의 자유를 억압할 수 있는 시대가 아니기 때문이다. 그럼에도 정관격, 즉 관격이 격(格) 중의 최고로 치는 이유는 관격이 아름답게 살아 있는 사람은 사회로부터 존경받으며 귀(貴)한 사람으로 인정받기 때문이다. 귀한 사람은 권력을 남용하지 않으며 인성(印星)과 상생을 하면서 고귀한 인격체로 살아간다. 그리고 귀한 사람으로 대우받는다.

관격인 사람들의 특징을 보면 체면을 중시하고 법 규정을 따르는 엄격함이 있다. 남의 이목을 중요하게 생각한다. 목표지향적이다. 정관은 재성으로 생(生)해주면 길하다. 이를 두고 돈이 있으면 명예가 따른다고 말하는 사람들이 있지만 그렇지 않다. 재성은 결과를 내는 힘이다. 식상으로 행동하여 재성으로 결과를 얻는다. 그렇게 되면 자신이 꿈꾸던 이상을 성취할 수 있으니 관이 생하여 지는 것이다. 매관매직하라는 것이 아니다. 그 뒤에 하는 일은 관성과 인성(印星)이 만나 관인상생(官印相生)하는 것이다. 비로소 관이 그 자격을 인정받는 것이다.

관인쌍전(官印雙全)이란 말이 있다. 관성과 인성이 서로 완전해진다는 것인데, 대개 인수격이 관을 보는 경우를 말한다. 이 경우에 재성이 오면 관을 생해주고 그 관이 인성을 더욱 아름답게 해주니 좋다. 반대로 관격이 인성을 만나고 있는데 재성이 오게 되면 재성이 인성을 극해버리므로 관격이 외로워진다. 따라서 관격의 입장에서는 관인상생(官印相生) 정도가 적합한 말이 되겠다. 그 여부는 재성의 역할에 달려있다. 따라서 무슨 일이든 결과를 내고 그것으로 꿈을 이루는 추진력이 있어야 최고의 격인 관격을 얻을 수 있다.

관격의 입장에서는 상관이 가장 꺼려지는 성분이다. 상관견관(傷官見官)이라 하였다. 권위를 무시하고 규범을 어기는 흉한 기운이기 때문이다. 특히 여자의 경우 남편을 의미하는 관성을 극하니 상관견관이 원국에 있으면 남편 망칠 여자라 하면서 겁을 주었다. 매로 다스려야 한다. 그럴 때는 재성을 써서 상관생재(傷官生財)하게 하여 재생관(財生官) 하면 된다. 즉, 여자에게 사회생활이나 직장생활을 하도록 하면 남편을 오히려 생(生)하여 줄 수 있으니 집에서 살림할 생각하지 말고 바깥일을 하라고 조언하여야 한다. 식신 또한 관을 극하니 좋지 않은 것은 사실이다. 이 역시 재성을 활용하여 그 흉화를 피하면 된다.

관성을 이야기할 때 많이 하는 질문은 관살(官殺) 혼잡에 관한 것이다. 대개 여자의 사주에 정관과 편관이 천간에 함께 있는 경우에 남자관계가 문란하다거나 결혼을 여러 번 할 것이라고 하는 이야기이다. 틀린 말은 아니지만 여기에도 반전의 묘미가 있다. 관이나 살 둘 중 하나를 합하거나 극하여 소용없게 만들면 나머지 하나가 아주 좋은 작용을 한다는 점이다.

甲己乙庚
OO卯O

위의 사주가 있다고 하자. 관격의 사례로 많이 나오는 것이다. 묘월의 기토 일간이며 갑목이 투출했으니 관격이다. 칠살인 을목이 월간에 있다. 관살이 혼잡한 사주이다. 그런데 상관인 경금이 살 을목을 합거(合去)하여 없앴으니 관이 제대로 살아났다. 이 경우 관격이 깨끗해져 매우 귀한 사주가 되었다. 이 사주처럼 원국에서 해결하지 못했다면 대운에서 해결되면 좋다. 그 기간 귀하게 살 수 있다. 아니면 인성(印星)이 있으면 관인상생 또는 살인상생(殺印相生)으로 돌릴 수 있으니 또 다른 방법이 될 수 있다.

편관격(偏官格)

칠살격(七殺格) 또는 살격(殺格)이라고도 한다. 편관 역시 자평진전 기준 흉신이다. 그러므로 편관을 격으로 삼고 사는 사람은 매우 불리한 삶을 살 것이다. 자신을 극하는 더구나 그 이름도 살(殺)이라 불리는 것을 용신으로 삼고 사니 얼마나 불안할 것이냐 말이다. 그러나 편관이든 겁재든 상관이든 우리가 흉신으로 알고 있는 것들이 유통(流通)이 잘되고 흉신끼리 서로 생(生)해주며 좋은 쪽으로 그 힘을 쓰게 되면 평범한 길신보다 훨씬 더 발복할 가능성이 높다. 제 몸이 상하거나 주변이 조금 피곤해지는 것은 어쩔 수 없다.

O丙O壬
OO亥O

정관이 가장 좋은 길신이고 편관이 가장 나쁜 흉신이라면, 왜 똑같이 '나'를 극하는 성분인데 하나는 대길이며 하나는 대흉인가? 정관격의 사람은 경쟁 사회에서(예나 지금이나 세상은 경쟁 사회이다.) 이기고 좋은 자리를 차지하려는 기운이 강한 사람들이다. 특히 경쟁의 룰을 지키면서 싸우는 사람들이다. 편관, 살을 쓰는 사람들은 전인미답의 세상을 살아가므로, 그 성격상 룰이 존재하지 않는다.

어디서 어떤 일이 벌어질지 모르는 환경, 극한의 상황에서 이겨야 하는 사람들이 살격의 사람들이다. 직장에 들어가서 사는 사람이라면 매뉴얼대로 일을 하는 사람이 아니라 누구도 해보지 않은 일을 한다. 상대적인 평가에 익숙하지 않다. 나 혼자 싸우는 일이기 때문이다. 살아남으면 이기는 것이다. 그러므로 '나'는 온갖 스트레스로 힘이 빠지게 마련이다. 불모지를 개척하는 사람이 뽀샤시한 외모로 피둥피둥 살이 붙을 리 없다. 살격은 재성을 만나서 재생살이 되면 패(敗)가 된다. 흉한 것을 부추기고 있으니 더욱 나쁜 것이다. 관격은 재성을 만나면 우선 길신이 생을 받으니 좋지만, 살격은 그렇지 않다. 다만 선례가 없는 일을 하는 사람이므로 생을 받아서 좋을지는 모를 일이다. 우선은 이겨야 하니 생을 받는 것은 좋다고 봐야 하는 경우도 있다. 원국의 상황을 보고 판단한다. 살격이 능력을 인정받으려면 식상이 건전해야 한다. 식상을 무기로 보면 그것이 잘 닦여 있어야 한다. 편재를 보아 편관이 힘을 얻으면 편재의 삶, 살격의 개성 있는 삶이 확실하게 드러난다.

살격은 편관격이니 원국이나 운에서 재성, 인성 등을 만날 때 '편(偏)'을 보는 것이 좋다. 흉신은 흉신끼리 작용해야 잘 어울린다. 살격은 편재로 생을 받는 것이 짝이 맞는다. 정재처럼 예측이 가능하고 안정적인 현금 흐름을 추구하는 것은 살격이 경쟁해야 하는 환경에서는 맞지 않는다. 살격의 사람들에게는 현재의 안정은 중요하지 않다. 그러니 살격이 정재를 보면 스케일이 작아진다. 살격은 편재를 보아야 한다. 편재는 살격에게 충성한다. 살격에게 지치지 않는 에너지를 공급한다.

격(格)은 그 성질이 지나치게 뚜렷이 드러나는 경우 의외로 융통성이 떨어진다. 편관격도 마찬가지다. 격은 자신이 꿈꾸는 삶의 방향이고 일하는 방법이고 경쟁하는 방식이다. 너무 뚜렷하면 돌아가야 할 때 돌아가지 못한다. 편관격이 그렇게 되면 주변과의 불화는 불 보듯 뻔하다. "나의 목표는 검사가 되어서 사회의 정의를 실현하고 말 테다."라고 삶의 목표를 세웠을 때 자신의 역량이 그에 미치지 못할 수 있지 않을까? 그럴 때 편재가 와서 그 목표를 달성하도록 힘을 주어야 한다. 그렇지 않고 제 역량이 기대에 미치지 못할 때 빨리 다른 길을 찾아야 하는데 살격이 너무 왕하게 자리 잡은 사람은 끝까지 한 우물을 판다. 늙은 부모는 더 지원할 여력이 없고 형제들은 제 살길이 바쁜데 이 사람은 어떻게 해야 할까? 그래서 격이 너무 강하면, 결국 스스로 좌절하고 재기할 타이밍을 놓칠 수 있다. 재성과 인성으로 잘 유통해야 무리 없이 살 수 있다.

참고로 고서에서는 살격 사람의 경우 식상이 원국에 있어서 편관을 제어하여야 길격이라고 했고 편재가 있으면 살격의 흉폭함이 가중된다고 하였다. 식상이 많아서 편관이 무력해지는 것도 곤란하다고 한다. 가난하다고 한다. 정관격에서 설명한 것과 같이 편관을 볼 때도 정관과 같이 있는 관살혼잡(官殺混雜)을 많이 신경 쓰는데, 일단 격을 공부하는 입장에서는 관과 살이 같이 있으면 살이 극을 당하거나 합을 해서 잡히는 것이 좋다. 둘 중 하나는 제거되어야 마땅하다. 반대의 경우도 마찬가지다. 이를 합관유살(合官留殺) 즉 관을 합하여 살을 남긴다는 것으로, 합살유관(合殺留官) 즉 살을 합하여 관을 남기는 것과 함께 귀한 사주라 하였다. 살격이 일단 흉폭하고 관과 살이 같이 있으면 좋지 않다는 전제로 논하는 것으로, 알고는 있어야 한다. 고서의 논리는 그 나름의 의미가 있다.

인수격(印綬格)

인수격은 정인격과 편인격을 합쳐 말하는 것이다. 비견과 겁재를 생하는 것이 인성이니 나에게 도움이 되는 십신이다. 그런데 인성은 식상을 극한다. 먹고 사는 문제를 뒤집어 버린다. 특히 편인은 도식(倒食)이라 하여 밥상을 뒤엎는다는 흉신으로 여겨진다. 그래서 편인을 효(梟)라고 하여 4대 흉신 살상겁효(殺傷劫梟) 중 하나로 넣었다. 옛날에는 그렇게 볼 이유가 있었다. 그러나 요즘 세상에 입에 풀칠을 못할까 걱정하는 사람이 얼마나 되는가? 그런 의미에서 자평진전에서 말하듯 내 몸을 생하니 기쁜 것이고 정관이 곧바로 쓰임이 될 수 있으니 좋은 것이다. 인성은 칠살, 편관을 만나도 꺼리지 않는다.

O甲O癸
OO子O

인수가 꺼리는 것은 재성이다. 재극인(財剋印)이라고 하여 재물에 대한 욕심 때문에 인성(人性)이 망가진다고 하였다. 먹고 사는 문제로부터 자유롭게 살아가는 격(格)이 인수격이다. 이상이나 정신적 가치를 추구하면서 살아간다. 도식이 문제가 되지 않는다고 생각하는 사람들도 많다. 당연히 경제적인 어려움이 생기기는 하겠지만 어차피 인수격의 사람들은 무형적인 가치를 중요하게 생각하기 때문이다. 인수격에게 식신운이 오면 경제적 풍요로움을 인성이 극하니 나쁘다고 보는 사람이 있겠지만 인성이 가지는 사고(思考) 중심의 삶이 드디어 '일'을 찾아가게 되어 경제활동의 명분이 들어왔다고 본다. 특히 '나', 일간이 강한 사람이라면 더욱 그러하다. 살아야 할 이유가 생긴 것이다.

인수격은 자유로운 영혼이다. 상관격이 반항아 기질이라면 인수격은 선악에 관한 것, 옳고 그름에 관한 것 그리고 가치판단에 관한 것으로부터 자유로워서 진정 자유의지를 가지고 사는 사람들이다.

일반적으로 인수격을 어떻게 보는지 알아보자. 인성(印星)은 일반적으로 공부, 문서, 자격, 부모 복을 뜻한다. 따라서 인수 대운은 어릴 때 오는 것이 좋을 것이다. 그리고 신약한 사주인 경우에 인수를 반긴다. 나를 생하여 강하게 만들어 주기 때문이다. 인성은 또한 '문서'를 의미한다. 그래서 재격인 사람보다 인수격인 사람이 거부인 경우가 많다. 부동산 부자이며 큰 회사(법인)를 가진 사람인 경우가 많다.

인성은 식상을 극한다고 했다. 여자의 경우 식상은 자식을 의미하므로 인성 운이 들어오면 자식을 극한다. 공부를 많이 한 잘난 여자가 자식을 쥐락펴락하며 해롭게 할 수 있다고 막말하기도 한다. 다만 인성운이 올 때 임신 중이라면 조심해야 할 것이다. 뱃속의 자식을 극할 수 있어서 유산의 위험이 있다. 남자에게는 인수격을 극하는 재성을 조심해야 한다. 여자를 조심하라는 뜻이다. 여자로 인하여 자신의 인수격이 깨질 수 있기 때문이다.

자평진전의 예를 하나 보자. 인성이 강하고 신강한 사주에서는 인수가 많아도 상관없다고 한다. 명리학에서 가장 소중하게 생각하는 정관이 맑게 자리하고 있으면 된다는 것이다.

戊辛戊丙
子酉戌寅

월지 술토에서 월간으로 인성 무토(戊土)가 투출해 인수격이 되었다. 연간은 정관이고 시간은 인수다. 정관이 인수를 생하고 쓰임이 될 수 있다. 다른 사례를 보자.

乙甲庚辛
亥辰子亥

위의 사주는 월지 인수격이다. 비록 천간에 수(水) 인성이 투출하지는 않았으나 월지가 왕지(旺地)에 해당하므로 그 자체로 격으로 삼을 수 있다. 따라서 인수격인 사람의 사주이다. 경금은 칠살이고 신금은 정관인데 을목 겁재가 경금을 합(乙庚合)하여 가져가 버려 정관 신금이 남았다. 이를 합살유관(合殺留官)이라 한다고 언급한 바 있다.

용신 활용 참고 사항

관살혼잡(官殺混雜)

사주 상담 시장은 여성들이 점령하고 있다. 아마 80% 이상은 족히 될 것이다. 그들은 아내로서 엄마로서 고객이 된다. 예전에는 그랬다. 그러나 최근에 와서는 자신의 사주와 운을 물으러 오는 여성 고객들이 더 많아졌다. 그리고 질문의 주어가 남편이나 자식이 아니라 '나' 자신이라는 점이 달라졌다. 어쩔 수 없는 것은, 여전히 여자들의 입장에서는 남자와 관련된 이슈가 많은 부분을 차지한다는 것이다. 직장운, 학업운 등 사회 활동에 관한 문의가 물론 많아졌지만 결혼운, 자식운으로 이야기가 수렴해 가는 것은 어쩔 수 없다. 주어는 바뀌었지만 주제는 그대로라는 것이다. 시대가 바뀐 것을 실감하지만, 시대가 바뀌어도 여전한 것은 여전히 여전하다는 것도 실감한다.

여자로서는 소위 '관살혼잡(官殺混雜)'이라는 것이 자신의 사주에 들어있으면 문란하고 성 개념이 없는 여자로 오해받지 않을까 걱정한다. 관살혼잡이라는 것이 남자관계가 문란하고 남편 복이 없고 스스로 외정을 통해 망신당할 여자의 사주라고 알고 있기 때문이다. 시댁에서 궁합이라도 본다면 낭패가 아니겠느냐 묻는다. 관(官)이 여성에게는 남편이므로 관(官)의 입장에서는 겁재(劫財)인 편관(偏官, 殺)이 같이 있는 것이니 남자가 많고 한 남자에게 만족 못 하는 여자라고 해석하기 때문이다. 그런 기운이 없다고 보지는 않는다.

관과 살이 사주에 많으면 정말로 남자관계가 복잡해 인생이 고단할까? '그럴 가능성이 없지는 않다.'라고 말하면 정답이다. 그리고 관살이 많이 혼재되어 있으면 인생의 키워드가 '남자'일 가능성이 높다. 그런데, 달리 생각하면 그럴 만큼 매력적인 여자라는 뜻이다. 남자는 평생 다른 여자 생각 없이 사는가? 마찬가지다. 극단적 관살혼잡 사주인 여자들이 매력적인 이미지를 갖추고 있는 경우가 많다. 화류계에서 일을 하는 사람들도 있었지만 그렇다면 화류계 여성 중에 관살혼잡 비중이 압도적으로 높아야 하는데 그렇지 않다. 오히려 적은 것 같기도 하다. 관과 살이 강하다는 것은 자신을 극하는 성분이 많다는 것이고 자기 절제, 통제 등에 있어서 남보다 더 월등하다고 볼 수도 있다. 관살혼잡인 여자에게서 우리가 흔히 아는 관살혼잡과 반대의 양상이 나타나는 이유다. 군인, 남자학교에서 일하는 교사, 경찰 등등 남자들이 압도적으로 많은 조직에서 당당하게 일할 수 있는 사주이기도 하다.

어떤 경우가 관살혼잡인가에 대해서는 의견이 갈리지만, 대개는 천간에 관(官, 정관)과 살(殺, 편관)이 함께 있는 경우로 한정한다. 월지가 정관이나 편관이고 천간에 관과 살이 함께 있는 경우는 그 기운이 아주 강하다. 그 외에 지지와 천간에 하나씩 있거나 월지에 하나 천간에 하나 있는 경우는 관살혼잡으로 보지 않는다. 그렇게 되면 관살혼잡 사주가 너무나 많아지기도 하고 격(格)을 중심으로 보는 입장에서는 천간의 상황만이 관살혼잡을 논할 수 있다고 본다.

庚甲癸辛

OO酉O

위의 사주는 전형적인 관살혼잡의 사주이다. 갑목 일간이 월지 유금을 두고 있고 유금의 지장간 경금과 신금이 모두 천간에 투출되어 있다.

관살혼잡이 과거에는 어떤 의미였는지 생각해보자. 알다시피 사주는 양반들의 것이었다. 평민 이하 계급의 사람들에게는 직업선택의 자유와 거주이전의 자유가 없었기 때문이다. 또한 여성을 극도로 억압하던 조선시대에는 여자에게 직업이란 기생이거나 빈천한 계층의 남편을 도와 일을 하는 정도였다.

관살혼잡된 사주를 가진 남자 양반은, 관은 문(文)을, 살은 무(武)를 의미한다고 보면 '문무에 두루 능하다.'라고 좋게 보았을 수도 있고, 가진 재주가 많아 딱히 한 우물을 파지 못할 테니 '직업에서의 부침을 겪겠다.'라고 안 좋게 보았을 수도 있다. 여기까지는 이해할 수 있다. 그런데, 여자의 사주를 두고 관살혼잡을 논할 때는 완전히 다른 접근을 한다.

격으로 보면 남자건 여자건 관살혼잡은 파격(破格)이다. 즉, 사주가 관격을 이루었는데 살이 있으면 파격이 되었다고 보는 것이다.

관살혼잡의 사주가 완전히 귀(貴)하게 된 경우도 있다.

己壬戊甲
OO午O

관살혼잡 되어있는 사주다. 그러나 살(殺) 무토를 연간 갑목이 극해서 관 기토가 깨끗해졌다. 관살혼잡이었지만 관이 더욱 빛이 나게 되었다. 시간(時干)의 기토가 빛이 나니 말년복이 대단하겠다. 오화 중의 기토가 투출해 재격에서 변격한 관격인데 그 관이 살아났으니 크게 발복할 사주라고 할 수 있다.

생극의 순서에 따른 길흉

여섯 종류의 격을 보았다. 길신(食神, 財星, 正官, 印星)이 용신이면 순용하고 흉신(傷官, 偏官)이 용신이면 역용한다. 격이 정해지면 사주 안에 글자 배치에 따라 그 격이 인생 여정에 어떤 영향을 미치는지 순서에 따라 본다. 같은 구성이라도 어느 자리에 있느냐에 따라 삶의 여정이 달라진다는 말이다.

월지가 같고 천간에 있는 글자가 같은데 그 배합에 따라 길흉이 갈라지고 선후(先後)의 차이가 생긴다.

戊甲丁O
OO酉O

갑목 일간이 월지 유금을 둔 정관격이다. 용신이 투출하지는 않았지만 왕지(旺地)가 월지이니 그 자체로 격이 된다. 상관 정화가 월간에 있다. 상관이 천간에 있어 격인 정관을 깨고 있지만 설기(洩氣)하는 기운인 편재 무토가 시간에 있다. 재성이 뒤에 있어 상관의 기운을 뺀다. 상관견관(傷官見官)하고 있으니 귀한 사주라고 볼 수는 없지만 인생의 후반부에는 뜻하는 바를 이룰 수 있다. 문제는 순서가 바뀐 경우다. 만약 정화와 무토의 순서가 바뀌면 어떻게 될까?

丁甲O戊

OO酉O

이 경우에는 인생의 전반부에는 편재 무토가 정관을 생하는 재생관(財生官)의 수려한 흐름으로 간다. 그러나 나중에는 상관 정화에 의해 정관이 다치게 되는 불리함이 있다. 상관이 생재(生財)하기에는 연(年)과 시(時)의 거리가 멀다. 따라서 상관은 이 명주의 말년에 정관을 극하는 역할만 한다. 말년이 좋지 못할 수 있다. 생하고 극하는 순서가 다르면 팔자가 달라진다.

용신과 운(運)

격이 성격(成格)되었거나 파격(破格)된 상황에서는 운에 의해 그 양상이 바뀔 수 있다. 격이 온전히 잡힌 사주는 거의 없으므로 성격을 시키는 운이 들어오는 때에 삶의 여러 희망을 걸어볼 수 있다. 80%의 사주는 격이 제대로 잡히지 않았거나 파격이다. 20% 정도만 성격이 된 사주인데 이 경우에도 운에 의해 성이 패가 되는 시기가 많다. 아무리 좋은 사주라도 반드시 부침이 있다는 이야기다.

우선 성격된 사주가 운에 의해 더욱 좋아지는 경우를 보자. 자평진전의 예를 인용한다. 정관격이 인수(印綬)를 써서 상관을 제압하는데 운에서 인수를 돕는 경우 또는 재격이 관을 생하고 신약(身弱)한 사주인데 운에서 일간을 도와 힘을 주는 것 등을 말한다. 또한 인수격이 기신(忌神, 꺼리는 십성)이 되는 재성을 가지고 있는데 운에서 재를 겁탈하는 것이나 식신격이 살(殺)을 잡아 성격(成格)이 되었지만 신약해져 있는데 운에서 인수를 만나 신약함이 덜해지는 것 등이다. 월겁격(月劫格, 음(陰) 일간이 겁재(劫財) 월지를 둔 경우)이 재성을 쓰는데, 운이 식상(食傷)으로 들어와 소통하는 경우도 포함된다. 이러한 것들을 미운(美運, 아름다운 운)이라 한다. 반대의 경우를 보자.

정관격에 인수가 없는데 운에서 상관이 오는 것. 인수가 있으면 상관이 와도 그 상관을 제압할 수 있어 정관을 보호하게 되지만 없다면 그대로 상관에게 관이 상처를 받게 된다. 다른 예로는 재격(財格)에 식신이 투출하지 않았는데 운에서 칠살이 오는 경우인데, 칠살 즉 편관이 그대로 일간을 극해버린다. 사주 원국에서 상관격이 인성을 차고 있는 상관패인(傷官佩印)하고 있는데 운에서 재성이 오면 상관이 생재(生財)를 하고 그것이 인성을 극하므로 파격이 된다. 이러한 것들을 패운(敗運)이라고도 한다.

운이 사주의 격을 성격(成格)시키거나 변격(變格)시키는 경우도 있다. 이 작용은 인생에 매우 큰 영향을 미친다.

O丁O壬
OO辰O

진월에 난 정화 일간인데, 진토의 지장간 중에서 계수(癸水)가 정관 임수(壬水)로 투출하였다. 진토는 정화의 상관(傷官)인데 변격되어 정관격(正官格)이 되었다. 그런데 운에서 신(申)과 자(子)가 오면 진토와 합하여 수국(水局)을 이루어 관격(官格)이 성격(成格)된다. 상관격이 정관격으로 변격된 것이 아니라 아예 그 운의 기간 동안에는 정관격으로 자리를 잡은 것이란 얘기이고 상관의 기질 또한 많이 희석될 것이므로 관이 관을 투출한 것으로 보아도 된다는 말이다.

운에서 성격이 되었는데 좋지 않은 경우도 있다.

O壬O甲

OO午O

오화가 월령이니 그 자체로 격이라 재격(財格)이었는데 오(午)의 지장간 중 기토(己土)가 운에서 온다면 정관이 투출한 것이나 마찬가지다. 그러면 관격(官格)으로 변격된다. 그런데 연간에 갑목이 있어 기토를 합으로 잡아버리니(甲己合) 소용이 없다.

甲丁O壬

OO辰O

앞서 보았던 구조인데, 갑목이 시간(時干)에 있다. 진토의 지장간 중에 계수가 천간에 임수로 투출하였다. 정관격이다. 운에서 만약 상관(傷官)인 무토(戊土)가 온다면 상관견관(傷官見官)하여 흉하다고 할 것이지만 원국의 갑목이 무토를 막아 정관을 보호한다. 합을 하는 것은 아니기 때문에 완전히 제압하지는 못하지만 상관의 흉을 제어하는 나름의 역할을 한다.

사주 원국과 운의 배합은 매우 다이내믹하다. 얼핏 보면 매우 좋은데 사실은 그렇지 않은 경우가 있다. 식신이 편관(殺)을 잡은 식신대살(食神帶殺)의 사주인데 운에서 재성이 오면 살이 완벽하게 살아나 일간을 심하게 극하니 매우 좋지 않다. 다른 예로, 정관격이 인수 운을 만나면 관인상생으로 좋은데 사주 원국에서 그 인수를 합하는 글자가 있어 인수가 소용이 없어지는 경우도 있다.

반대로 좋지 않은 것처럼 보이지만 사실은 좋은 경우도 있다. 예를 들어 정관격이 상관의 운을 보면 상관견관이 되니 좋지 않아 보이는데 사주 원국에 인성이 있어 상관을 극하여 무력화시키는 경우다.

운이 천간에 오는 것과 지지에 오는 것이 사주에 미치는 영향이 다른 경우가 있다. 예를 들면, 병화(丙火) 일간이 지지에 자수와 해수를 두고 있어 관살의 극을 받고 있는 경우에 천간으로 병화와 정화가 들어오는 운으로 가면 비견과 겁재가 일간을 보호하지만, 지지로 사화와 오화가 들어오면 지지 안에서 수화(水火)가 서로 충하느라 바쁘다. 반대의 경우도 있다.

갑목 일간이 월지 유금(酉金)을 두면 정관격이고 천간에 신금(辛金)까지 투출했는데 다른 글자들로 인하여 금의 기운이 미약한 경우다. 지지로 신금(申金)이나 유금(酉金)이 들어오면 천간에 투출한 신금(辛金)에게 뿌리가 되어 준다. 그러나 천간으로 경금(庚金)이나 신금(辛金)이 들어오면 관살이 혼잡한 상황이 되어 유리하지 못하다. 지지에서 정관이나 편관이 있으면 관살혼잡이라기보다는 해당 오행이 두루 쓰이게 된다는 것을 의미한다. 천간은 한 가지를 잡고 움직여서 행하는 것이 유리하고 지지는 다양하게 쓰이는 것이 유리하다.

정리하면, 정관격(正官格)의 경우에는 재성과 인성을 운에서 만나면 좋은데, 일간의 힘이 약하면 인성을 보면 관인상생으로 일간을 보호하면서 관을 쓸 수 있어서 좋고, 일간이 강하면 재성을 보면 재생관으로 관을 살리니 좋다. 정관이 천간에 올라왔다면 합과 충, 그리고 편관을 보지 않는 것이 좋다. 큰 틀에서 그렇다는 것이니 팔자 전체를 보고 다양한 작용을 살피고 판단해야 한다.

재격(財格)의 경우에는 그 재성이 사주 안에서 어떻게 쓰이고 있는지를 먼저 살핀 뒤에 운을 논하는 것이 좋다. 예를 들면 재격이 관(官)을 생하고 있는 사주라면 일간을 강하게 만드는 인성운이 좋다. 식신이 재격을 생하고 있는 사주라면 관(官)이 인성을 생하는 형태로 운이 오면 좋지 않다.

인수격(印綬格), 즉 인성을 용신으로 쓰는 사주의 경우를 보자. 만약 정관이 함께 있는 경우에는 인수격임에도 재성을 운에서 보는 것이 좋다. 인성이 여러 개 사주에 있는데 재성을 만났다면 지지에 겁재 운이 들어오면 좋다. 재성이 다시 오면 당연히 좋지 않다.

식신격(食神格)은 말할 것도 없이 재성이 오면 식신생재하여 길하다. 일간이 강하면, 식신과 재성 모두 천간에 드러나 있으면 크게 귀하기까지 하다. 그러나 상관이 있으면 그렇지 못하다. 식신격에 인성 없이 편관만 있으면 식신제살(食神制殺)하는 격으로 이때에는 재성이 없어야 귀격(貴格)이다.

편관격(偏官格)은 흉신이기 때문에 역용해야 한다. 나를 심하게 극하는 기운이니 불길하게 여기겠지만 큰 인물 중에는 편관격을 비롯한 흉신을 용신으로 쓰는 경우가 의외로 많다. 물론 제대로 용신을 활용하면서 운의 파도를 타고 넘어 성공에 이르기는 쉽지 않다. 소수의 성공한 사람의 이야기다. 그러므로 흉신을 용신으로 쓴다는 것이 반드시 성공을 이야기하는 것이 아님을 명심하자. 편관격이 어떤 형태로 사주에 있는지에 따라 어떤 운이 유리한지 결정된다. 편관격에 인성을 두고 있는 살인상생(殺印相生) 또는 살용인수(殺用印綬)의 경우에는 재성이 오면 인성을 극하므로 좋지 않고 상관(傷官)이 오거나 비견, 겁재가 오는 것이 좋다.

길과 흉이 운에 의해 바뀌고 변화하는 상황은 사주의 수만큼 다양하다. 편관격인데 재성을 쓰는 경우, 식신이 편관격을 제압하며 편관을 쓰도록 하는 경우도 있다. 무수하다. 그 상황에 따라 운에서 그 불리함과 유리함을 극하거나 생하는 관계를 보아야 한다.

상관격(傷官格) 역시 역용해야 한다. 상관이 재를 쓰는 상관용재(傷官用財)의 경우 인성운이 오거나 비견 또는 겁재가 오면 이롭다. 인성을 쓰는 상관패인(傷官佩印)의 경우 재성이 오면 좋지 않고 오히려 편관이 오면 괜찮다. 흉신 두 개를 함께 쓰는 상관대살(傷官帶殺)은 절대적으로 인성을 반기고 재성은 꺼린다.

흉신 중에서 양인(陽刃)의 경우에는 겁재보다 더 재물을 겁탈하는 기운이 강하므로 극하고 제압해야 한다. 정관이든 편관이든 극하는 기운이 있어야 한다. 사주 안에 정관이 있으면 운에서도 관이 다시 들어오거나 재성으로 관을 생하면 좋은데 식신이나 상관이 있으면 관성을 합하므로 좋지 않다.

운(運)은 그 사람의 행로에 큰 영향을 미친다. 격을 파악하고 그 격이 사주 안에서 성격(成格)이 되었는지 패(敗)가 났는지 이해한 이후에 운의 배합을 살피면 운과 명을 동시에 살필 수 있다.

신살과 운

신살(神殺)은 현대 자평명리학에서는 다루지 않는다. 그러나 사주를 공부하는 사람이 신살이 어떤 것이 있는지 어떤 작용을 하는지 모르는 것도 말이 되지 않는다.

앞서 대표적인 신살로 십이운성을 살펴보았다. 용신과 운을 살피면서 운이 십이운성으로 어떤 기운을 끌고 들어오는지 보는 것도 입체적 분석을 위해 필요하다. 자평명리학이 신살을 완전히 배격하고는 있지만 실제 사주를 볼 때 상담을 받으러 온 사람의 이해를 위해 적절하게 신살을 이용하는 것도 나쁘지는 않다.

십이신살이 대표적인 신살이다. 지지(地支) 삼합의 원리를 활용한 것으로, 운을 볼 때 많이 활용한다. 그 외 수백 가지의 민간 유래 신살이 있다. 대표적인 것, 특히 일반인들이 궁금해하는 수준의 몇 가지만 이해하는 것으로 만족하면 되겠다.

십이신살(十二神殺)

십이신살은 지지(地支)끼리의 관계를 통해 삶의 우여곡절을 운

(運)의 관점에서 보고자 하는 관법이다. 원국 자체가 가진 지지의 기운 역시 십이신살로 파악하기는 하지만 그보다는 운에서 올 때 적용하는 것이 효과적이다. 즉, 사주 원국 안의 지지도 일지(日支) 또는 연지(年支) 대비 십이신살이 배치되지만 운의 관점에서 보는 것이 더 유용하다는 말이다. 지지끼리의 관계라는 말에서 알 수 있듯이 십이신살은 순수하게 인간사 우여곡절을 담아낸다. 십이신살은 지지끼리의 관계지만 천간을 지지에 대입해 풀어낸 십이운성(十二運星)과 서로 매칭이 된다. 십이운성과 십이신살을 잘 해석하면 입체적인 간명이 가능하다.

십이신살은 대운(大運)을 볼 때도 사용되긴 하지만 대개 세운(歲運)이나 월운(月運), 일진(日辰) 같은 실제 생활 속에서의 길흉을 유추하는데 많이 활용한다.

십이신살은 일지(日支)를 기준으로 다른 지지와 운에서 들어오는 간지 중 지지를 대비하여 파악한다. 자평명리학을 추종하는 사람들은 일주(日柱)가 중심이니 일지(日支)를 기준으로 십이신살을 본다. 신살의 태생 자체가 자평명리학 이전의 고법(古法)의 체계에서 비롯된 것이니 그 시절의 기준인 연지(年支)를 채택하는 것이 합리적이라고 생각하는 경우도 많다. 자평명리학을 따르는 사람도 십이신살을 쓸 때만큼은 연지를 기준으로 하는 사람도 있다. 자기만의 방식을 세우면 그만이다.

찾는 방법부터 설명하면, 삼합을 기준으로 같은 삼합의 글자가 오면 삼합 순서대로 지살, 장성살, 화개살이 되고 뒤의 글자가 오면 연살, 반안살, 겁살이 되며, 앞의 글자가 오면 천살, 망신살, 육해살, 충하는 글자가 오면 역마살, 재살, 월살이 된다.

예를 들면, 일지가 해묘미(亥卯未) 목국의 삼합 글자 중 하나를 가진 사람의 세운 지지가 축(丑)이라고 하면, 축은 금(金)의 삼합의 글자가 되니 목(木)과는 충하는 관계가 된다. 따라서 사유축(巳酉丑) 삼합은 순서대로 해묘미의 역마살, 재살, 월살이 된다. 그러므로 축은 월살(月殺)이 된다.

신살은 즉시 해석이 가능하기 때문에 우연히 맞았다면 사주를 맹신하게 되면서 오로지 신살에만 관심을 가지게 되는 부작용이 있다.

일지 기준으로 12지지가 어떤 신살에 해당하는지 표로 정리했다.

일지(日支)/ 십이신살	해묘미/ (亥卯未)	인오술/ (寅午戌)	사유축/ (巳酉丑)	신자진/ (申子辰)
겁살	신	해	인	사
재살	유	자	묘	오
천살	술	축	진	미
지살	해	인	사	신
연살	자	묘	오	유
월살	축	진	미	술
망신살	인	사	신	해
장성살	묘	오	유	자
반안살	진	미	술	축
역마살	사	신	해	인
육해살	오	유	자	묘
화개살	미	술	축	진

위의 표를 보면, 일지가 해묘미 중 하나인 사람은 해(亥)가 지살이고 그다음의 글자인 자(子)가 연살이다. 인오술 중 하나인 사람은 해(亥)가 겁살이 되고 자(子)가 재살이 된다. 각각의 12신살이 어떤 의미인지 알아보자.

겁살(劫殺)

해묘미 일지를 쓰는 사람들은 신(申), 인오술은 해(亥), 사유축은 인(寅), 신자진은 사(巳)가 겁살이다.

높은 곳에서 떨어지는 것을 의미한다. 욕심을 내다가 도리어 손실을 본다. 스스로 재앙을 자초한다고 보며 십이운성의 절(絶)에 해당한다. 십이운성으로는 절처봉생의 자리이지만 신살로는 흉살에 불과하다. 다만, 일간에게 힘을 주는 지지의 자리가 겁살이라면 횡재수가 있을 수 있다. 위의 표를 보면 겁살은 삼합 고지의 다음 글자이므로 삼합의 끝에 붙어오는 형국이다. 그 의미는 삼합 운동을 마치고 그 뒤에 따르는 채권 채무와 같은 법적인 문제나 미처 해결하지 못한 문제와 관련해서 잘못될 수 있음을 암시한다. 그러나 재성이 겁살이면 재복이 있는 경우도 많다. 겁살 운(運)에 결혼할 확률도 높다. 내가 무언가를 취하려는 성향이 강해지므로 그렇다.

재살(災殺)

해묘미 일지를 쓰는 사람들은 유(酉), 인오술은 자(子), 사유축은 묘(卯), 신자진은 오(午)가 재살이다.

재살은 삼합의 왕지를 충하는 글자이다. 타인으로부터 무언가를 빼앗기는 기운이다. 십이운성으로는 태(胎)에 해당되는데, 불안심리가 대표적인 심리적 해석이다. 재살의 시기에는 자신의 것을 지키기 위해 애써야 하는 스트레스를 가진다. 스트레스는 성장의 밑거름이 될 수도 있는데, 원국에서 재살이 겹쳐 있으면 오히려 선각자의 면모를 보이기도 한다. 정신 집중이 필요한 분야가 적성에 맞는다. 종교를 가지는 것이 좋다. 기본적으로 재살은 재난을 의미하므로 사건 사고가 빈번한 것이 특징이다. 대운(大運)에서 재살을 맞으면 학생의 경우 학업의 성취가 좋다.

천살(天殺)

해묘미 일지를 쓰는 사람들은 술(戌), 인오술은 축(丑), 사유축은 진(辰), 신자진은 미(未)가 천살이다.

하늘이 내리는 형벌이라고 여긴다. 겁살과 재살이 나와 남이 서로의 것을 빼앗기 위해 다투고 있을 때 천살이 내려와 심판하는 것이다. 삼합의 이전 지지로 해당 삼합을 선행하는 글자이다. 삼합의 기운이 오기 전부터 천살은 그 삼합의 기운을 품기 위해 이전의 삼합으로부터 변화를 일으키고 혼동을 야기한다. 격변의 시기라고 볼 수 있다. 다가오는 대운이 자신에게 길하다면 기사회생의 기운으로 삼을 수 있지만 흉한 대운이 들어온다면 암울해질 수 있다. 그러므로 어느 경우이건 하늘을 향해 기도해야 하는 시기이다. 그런데 술(戌), 해(亥), 진(辰), 사(巳)의 천라지망(天羅地網, 잠시 뒤에 설명한다.) 일지를 둔 사람이 천살을 운(運)에서 마주치면 급격히 망할 수가 있다. 평소 건강관리를 잘하지 못했다면 그 시기에 위험이 닥칠 수도 있다.

지살(地殺)

십이신살의 표를 확인하여 각자의 일지에 대비되는 신살을 찾자. 지살은 삼합의 첫 글자이자 십이운성으로는 생(生)지에 해당한다.

성장성과 활동성을 드러낸다. 땅과 관련된 살(殺)이니만큼 이동성으로 해석할 수 있다. 역마살과는 다른 이동의 수다. 역마살은 내가 스스로 여기저기 이동하는 성향이라고 한다면 지살은 상관이나 조직의 지시로 이동을 하게 되는 형국이다. 이동이 잦다 보면 눈에 띄게 마련이고 그러다 보면 자신이 드러나니 구설에도 오를 수 있고 미움도 받을 수 있다. 십이운성의 생지가 주변의 후원을 받아 세상에 적응해 가듯 지살도 삼합의 기운이 운이나 원국에서 조화를 이루면 자신이 뜻한 바를 이룰 수 있게 된다. 새로운 일에 두려움이 없고 해외로 진출하려는 경향이 강하다.

연살(年殺)

삼합의 첫 글자 다음의 글자이다. 삼합의 기운을 생하여 주는 삼합의 왕지에 해당한다. 즉, 해묘미(亥卯未) 목(木)을 생하여 주는 수(水) 삼합인 신자진(申子辰)의 왕지인 자(子)가 해묘미 일지의 연살이다.

연살은 도화살로 불리는데, 이외에도 욕패살, 함지살, 착각살, 편법살 등 별명이 꽤 많은 살이다. 십이운성으로는 욕(浴)이다. 반복의 물상이며 부끄러움의 물상이기도 하다. 연살은 왕지의 기운을 받고 상관(傷官)의 성향이 강해 타인의 시선을 끄는 타입이다. 시지

(時支)에 연살이 있으면 멋지고 매력적인 노년으로 즐기며 산다. 식상(食傷)이 도화이면 연예인 또는 그와 관련된 일로 밥 먹고 살 수 있고, 편관(偏官)이나 편인(偏印)이 도화이면 색정을 밝힌다. 그러나 정관과 정인이 도화면 이성으로 인한 문제가 발생할 확률은 낮다. 운(運)에서 연살이 들어오면 개업이나 결혼 등 자신을 드러내는 시기로 삼으면 좋다. 연살을 가진 사람들은 남에게 말을 쉽게 옮기는 성향이 있어 비밀을 지켜야 하는 일에는 적합하지 않다.

월살(月殺)

삼합의 끝 글자와 충(沖)이 되는 지지이다. 진술(辰戌) 충(沖)과 축미(丑未) 충(沖) 두 개의 충으로만 구성된다.

운에서 월살이 들어와 원국의 일지를 충하고 하필 그 일지가 일간의 흉살에 해당된다면 횡재의 수가 있다. 지살과 연살의 기고만장했던 시절을 지나고 달빛 아래를 걸어가는 형국이다. 달빛이라도 있으니 앞길을 헤쳐갈 수 있다. 연살의 화려한 삶에서 벗어나 차분해지라는 하늘의 뜻이다. 그 뜻을 헤아리지 못하고 계속 오만무도하게 굴면 나락으로 떨어질 수 있다. 월살의 별명이 고초살, 장애살 등으로 불리는 이유이다. 어두운 밤하늘과 귀신이 나올 것 같은 분위기의 달빛까지 있으니 매우 감상적일 수 있다. 정신줄 잘 잡고 있어야 한다. 월살은 도화의 연살을 지나온 자숙의 기간이므로 임신이 잘되지 않아야 정상이다. 만약 월살의 운에 임신이 됐다면 어디에 문제가 있는 아이일 가능성도 있다. 옛사람들은 그렇게 보았다는 것이지 반드시 그렇다는 것은 아니다.

망신살(亡身殺)

삼합 중 왕지의 앞에 오는 글자로, 예를 들면 해묘미(亥卯未) 삼합의 경우, 왕지 묘(卯) 앞 글자인 인(寅)이 망신살에 해당한다.

십이운성으로는 건록에 해당되는데, 일부에서는 록(綠)에 있으니 가족을 부양하기 위해 몸을 사리지 않고 일을 한 나머지 정작 자기 몸은 망가진다는 뜻으로 이해하기도 한다. 십이신살에서는 월살(月殺)로 인해 당황한 사람들이 사리분별을 하지 못해 자신을 망치게 된다고 말한다. 특징으로는 일이 될 듯 될 듯 결국 안 된다고 보면 된다. 천살, 망신살, 육해살이 삼합인데, 원국과 운에서 동착하면(함께 오면) 흉운이 크게 온다고 본다. 다만, 망신살이 들어오는 운에서는 어차피 창피를 당할 수 있으니 하고 싶었던 말이나 행동 또는 사업 같은 것이 있다면 해보는 것도 나쁘지 않을 것이다. 목욕탕에 자주 가서 자신의 알몸을 드러내면 오히려 흉살을 대체할 수 있다. 평소 흠모하던 사람이 있다면 그 사람의 망신 운에 고백하거나 유혹하면 먹힐 가능성이 높다. 그런 것이 망신살이다.

장성살(將星殺)

자신의 삼합의 왕지에 해당된다.

기세가 정점에 오른 상태이다. 십이운성으로는 제왕(帝旺)이다.

그러므로 자신이 가진 오행적 기질이 강해지는 시기이다. 이때 경계해야 할 것은 자만심이다. 하늘의 기운은 자만심을 가진 자에게 다시 겸손해질 기회를 주게 마련이라 더욱 조신해야 한다. 어찌 되었든 장성살은 하는 일이 잘 풀리고 역량이 더욱 발휘되는 기운이 들어오는 시기이다. 장성살 자신은 지살(地殺), 화개살(華蓋殺)과 삼합을 이루는데, 장성살이 지살을 보면 길하나 화개살을 보면 그리 좋지는 않다. 일지가 장성이면 자수성가하여 성공할 기회를 얻으며 시지가 장성이면 자손에게 복이 있을 것이다. 장성살은 재살과 충(沖)하게 되는데, 재살을 감당할 수 있는 기운이 장성에게 있으므로 하늘이 그렇게 서로 대결하라 명한 것이라 생각하고 충살이 들어와도 겁낼 필요가 없다. 실제로 장성살을 일지에 가진 사람들은 겁이 없다.

반안살(攀鞍殺)

삼합의 왕지 다음의 글자이다. 즉, 해묘미(亥卯未) 목국이라면 왕지인 묘(卯) 다음의 글자인 진(辰)이 반안에 해당한다.

장성살을 통해 기세의 정점을 경험한 뒤, 성공의 여유를 누리게 된다. 말의 안장에 올라(攀鞍) 명예로움을 즐기는 시기이다. 흔히 상담을 받으러 온 사람들에게 개운(改運)의 비법으로 반안살 방향으로 이사를 하라거나 잠자리의 머리를 두거나 하라는 식으로 말하는 술사들이 많다. 그만큼 반안살을 길한 것으로 보는데 이견은 없다. 반안의 방향이라 함은 자(子)를 정북(正北), 오(午)를 정남(正南), 묘(卯)를 정동(正東), 유(酉)를 정서(正西)로 보았을 때, 해묘미 목국(木局) 사람들에게는 진(辰)의 방향, 즉 동남쪽을 말한다. (축(丑)을 한 시 방향이라고 한다면, 진(辰)은 네 시 방향이 되겠다.) 그러나 격국 용신(用神)을 중시하는 사람들에게는 신살이 정해주는 방향보다 용신에게 힘이 되는 방향으로 길한 방향을 삼는다. 여러 곳에서 상담을 받아본 사람이라면, 이 술사 말 다르고 저 술사 말 다른 경험을 했을 텐데 그 이유는 신살을 중시하느냐 용신을 중시하느냐에 따라 다르기 때문이다. 길한 방향 흉한 방향 자체를 논하는 것은 조금은 올드한 접근이므로 실용적인 측면에서 볼 필요가 있다. 즉, '나'를 잘 드러낼 수 있고 '내가' 편한 기운을 느끼는 방향이 나에게 길한 방향이다. 방향이니 색깔이니 하는 것은 그저 기분 전환으로 삼으면 될 것이다. 그보다 더 중요한 것은 내가 어떤 자세로 운(運)을 보는가 하는 데 있다. 그것은 내 명(命)이 가진 기질을 잘 드러낼 수 있는 식이어야 한다.

역마살(驛馬殺)

역마살은 삼합의 첫 글자를 충(沖)하는 글자이다. 사해충(巳亥沖)과 인신충(寅申沖)이 그것이다.

반안의 경지에 오른 뒤 이제 움직일 때가 되었다. 역마의 시기가 온 것이다. 충의 작용은 잠잠한 수면 위에 돌을 던지는 것과 같다. 충(沖)이 벌어져야 무슨 일이라도 생기게 된다. 가만히 있는데 저절로 되는 일은 없다. 그만큼 충은 변화의 시작이고 그것이 역마살이다. 십이운성으로는 병(病)에 해당하는데, 움직여야 아프지 않다는 뜻이다. 아직 죽지 않았다고 외치며 삶의 모든 경험과 지혜를 사방 팔방에 퍼뜨리고 싶어 하는 기운이다.

역마가 뜻하는 '변화'는 다른 한편으로 '전환'이라 볼 수도 있다. 지금까지 무탈하고 승승장구하며 살아왔다면 역마의 운에서 하락이 시작될 수 있고 지금까지 바닥을 헤매던 사람이라면 역마의 운에서 상승의 기운을 느낄 수 있다. 충(沖)이라는 기운은 기분 좋은 기운이다. 전쟁을 겪고 문명이 발흥했던 때를 떠올리면 된다. 심히 괴롭고 처참한 상황이었겠지만 겪고 나면 달라진 상황을 마주하게 된다. 전쟁 이후 경제발전을 이룬 나라도 있는 반면 전쟁 때문에 몰락한 나라도 있다. 개인도 마찬가지이다. 이해하기 쉽게 전쟁이라는 극단적인 예를 들었지만, 사람들의 일상의 삶에서도 비슷한 상황을 볼 수 있다. 역마살을 그저 여기저기 돌아다니는 바람직하지 못한 살로 보지 말고, '충'이 가져다주는 역마살의 변화의 의미를 새겨야 할 것이다. 역마살의 기운을 변화와 전환의 계기로 잘 잡으면 지금까지와는 다른 '나'를 마주하게 될 것이다.

육해살(六害殺)

삼합의 마지막 글자 즉, 고지(庫地)의 이전 글자이다. 화개살 이전의 살이다.

역마의 기운이 끝나고 이제 몸은 쉬고 정신만 살아있는 단계에 접어든다. 십이운성에서는 사(死)에 해당한다. 이름이 육해(六害)인

이유는 지지 육합을 방해한다는 뜻이다. 지지 육합은 자축(子丑), 해인(亥寅), 묘술(卯戌), 진유(辰酉), 사신(巳申), 오미(午未)이고 자오충으로 자축합을 방해하여 들어오는 오축(午丑), 사해충으로 인해합을 방해하는 사인(巳寅), 묘유충으로 묘술합을 방해하는 유술(酉戌), 축미충으로 자축합을 방해하는 미자(未子) 등이다. 육해살의 작용은 그리 크지 않은 것으로 보인다. 역마의 다음 단계이고 화개의 전 단계인 육해살은 십이운성으로 병(病)의 다음이자 묘(墓)의 이전이니 삶을 정리하고 삶이 남겨놓은 잔여물을 처리해야 하는 시기이다. 죽은 뒤 묘지에 들어가기 전까지 이 일을 처리하려니 얼마나 마음이 급하겠는가. 조급함이 앞서는 시기이기도 하다. 육해의 운이 들어오면 합을 방해하는 일로 여기면 된다.

화개살(華蓋殺)

자신의 지지 삼합의 고지(庫地)에 해당하는 글자이다.

모든 일의 마무리이며 새롭게 생을 시작하려는 기운이 태동하는 시기이다. 화개의 뜻은 화려함을 덮는다는 것이고 화려했던 인생을 관에 넣고 뚜껑을 덮는 모습이다. 이는 시작과 끝을 관장하는 것으로 삶의 반복성을 의미한다. 그러므로 변화에 약하고 주도적인 면은 부족하다. 화개를 가진 사람들이 가진 고독하지만 영적인 재능이나 예술가적 기질을 인정해야 한다. 인성(印星)이 잘 발달되어 있는 사람이 화개를 가지고 있다면 학문에서 큰 업적을 남길 잠재력이 있으며, 화개가 충(沖)이나 형(刑)이 되면 예술가가 될 가능성이 높다.

신살 방위

십이신살을 방위로 놓고 길하니 흉하니 하는 말을 하는 경우가 있다. 즉, 자(子)를 정북(正北), 오(午)를 정남(正南), 묘(卯)를 정동(正東), 유(酉)를 정서(正西)로 놓고 12지지를 360도에 나누면 축(丑)은 한 시 방향(북북동), 인(寅)은 두 시 방향(북동동) 같은 식이다. 삼합(三合)마다 12지지에 신살을 뿌리니 모든 신살에는 방향이 있다. 우리가 오류를 범해서는 안 되는 일이 있으니, 신살의 방향을 가지고 이사 방향을 잡는다든지 출입문의 위치를 잡는다든지 하는 일이다. 이는 풍수학의 영역에 해당하므로 훨씬 논리적이고 체계적인 근거로 결정해야 한다.

더구나 현대 사회에서는 많은 사람이 아파트를 비롯한 공동주택에 살기 때문에 자기 마음대로 풍수를 고려해 출입문, 화장실, 침실의 창 방향 등의 배치를 할 수 없다. 우리가 할 수 있는 일이라고는 이사를 해야 하는데 어느 방향으로 가는 것이 좋을지 결정하는 것 정도다.

학습을 위해 신살의 방위를 삼합 별로 정리한 표를 붙인다. 이를 두고 반안살의 방향으로 이사를 해야 한다는 식의 헛소리는 하지 말았으면 하는 생각이다. 특히 삼살(三殺, 겁살, 재살, 천살)의 방향은 피하라는 둥, 삼재가 있는 때에 대장군 방향으로 이사를 하면 큰일 난다는 둥 하는 말은 그분들의 분야이니, 명리학을 공부하는 사람으로서 그런 말을 하면 안 될 것이다. 그 정교한 방향으로 이사를 어떻게 하라는 말인가. 그러면서 맞지 않은 방향으로 이사를 하더라도 이 '부적'만 있으면 큰 화(禍)를 피할 수 있으니 돈을 내라고 한다. 매로 다스려야 할 일이다.

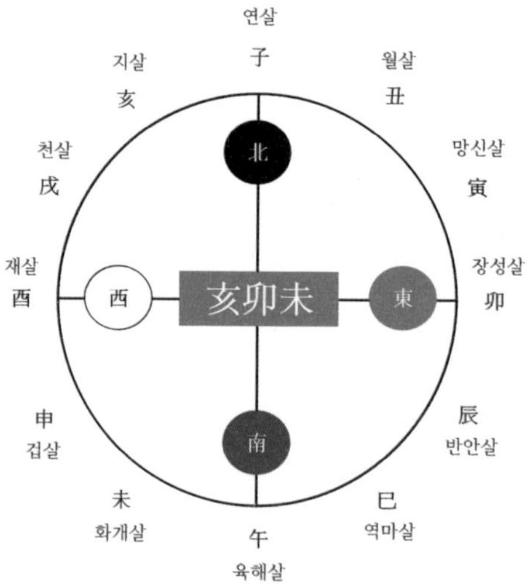

해묘미 목국을 일지(日支)로 쓰는 사람에게 해당하는 신살의 방위를 그림으로 나타낸 것이다. 가장 좋다고 하는 반안살 방향은 이 경우 남동쪽이다. 화국, 금국, 수국의 삼합 글자를 일지로 쓰는 사람의 경우도 아래에 붙인다.

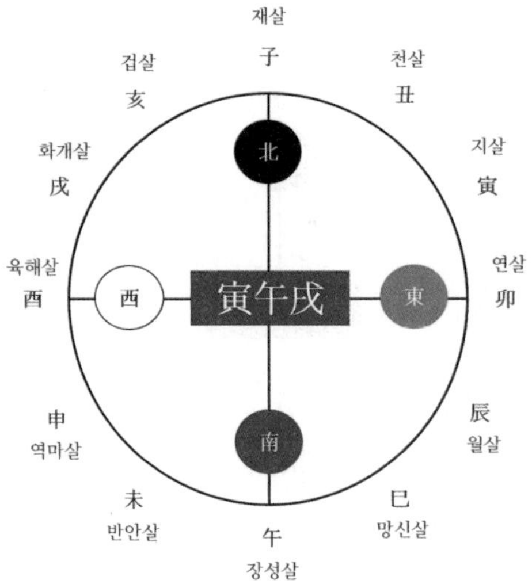

인오술(寅午戌) 화(火) 삼합의 글자를 일지로 쓰는 사람의 신살 방위

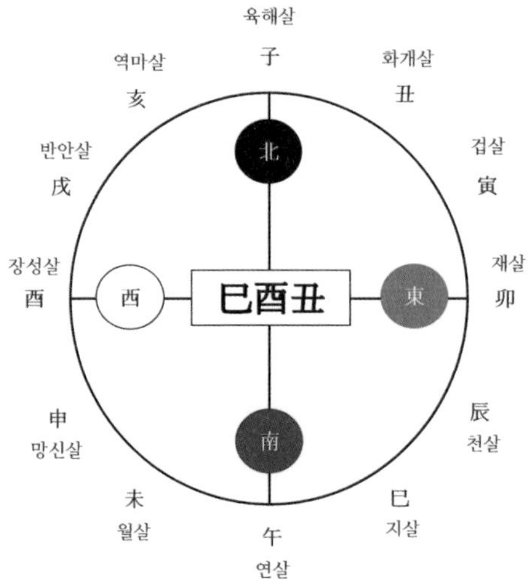

사유축(巳酉丑) 금(金) 삼합의 글자를 일지로 쓰는 사람의 신살 방위

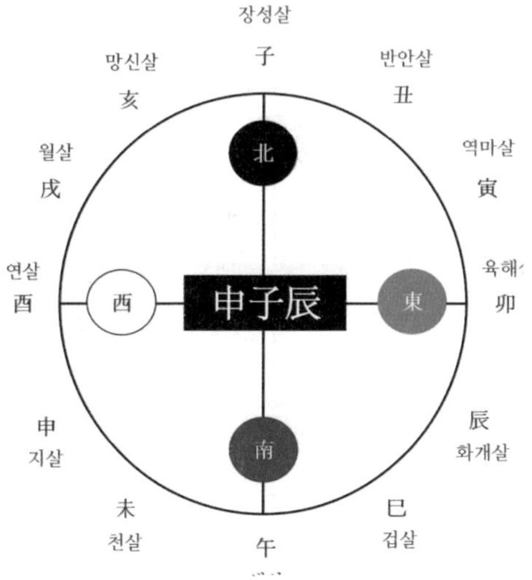

신자진(申子辰) 수(水) 삼합의 글자를 일지로 쓰는 사람의 신살 방위

가끔 자기가 이사하려는 동네의 지도가 그려진 사진을 보여주는 사람들이 있다. 지금 사는 곳에서 어느 방향으로 가는 것이 좋냐고 묻는다. 어느 역술인에게 물었더니 가고자 하는 집의 방향이 좋지 않다고 하더라고 말한다. 결론은 그 역술인에게 부적을 사야 흉을 막을 수 있느냐 하는 문제였다. 이 또한 매로 다스려야 할 일이다.

일부 술사 중에는 사주를 풀 때 십이신살로만 하기도 한다. '살'이라는 단어를 언급하는 순간 손님은 겁에 질린다. 그리고 지갑을 연다. 그렇다고 십이신살을 완전히 배격해야 한다고는 생각하지 않는다. 운(運)을 보는 데 있어서 십이신살의 기운에 십이운성의 실행 방향을 접합시켜 통변하는 경우에는 의미가 있다고 생각한다. 명심할 것은 절대로 십이신살을 무기로 무지한 사람들을 속여 부적을 쓰라는 둥 굿을 하라는 둥 돈벌이의 도구로 사용하지 말아야 한다는 것이다.

기타 신살

신살(神殺)은 감초와 같은 역할을 한다. 지나치게 신살에만 의존하면 자칫 삼류 점술로 품격이 떨어질 수 있지만, 적절하게 사용하면 간명의 맛을 달고 감칠맛 나게 할 수 있다. 신살의 대부분은 불길한 요소가 많지만 간혹 좋은 것이 있다. 그중 가장 많이 언급되는 것은 천을귀인이다. 흉살 중에서 가장 골치 아프다고 하는 것은 천라지망이다. 그것들이 무엇인지 살펴보자. 미리 알려둘 것은 실제 사주를 보게 되면 잘 맞지 않는 경우가 많다는 점이다. 특히 천을귀인의 경우, 그 작용력이 그리 크지 않은 것 같다. 이런저런 충이나 형에 걸려서 영향력이 약해지는 경우도 많고 흉살들의 작용 때문에 천을귀인의 의미 자체가 없어지는 경우도 많다. 그러나 대표적 흉살에게 해당하는 천라지망은 나름 영향력이 지대하니 알아두면 좋을 것이다.

천을귀인

하늘의 은덕을 입은 귀한 사람이라는 뜻이다. 운에서도 천우신조를 받게 된다. 명식이나 운에서 천을귀인에 해당이 되면 귀한 사주로 하늘의 도움을 얻어 일이 잘 풀린다고 보면 된다. 특히 일주 자체가 천을귀인으로 구성이 되면 평생 귀한 대접을 받을 사람이라고 한다. 해당하는 일주(육십갑자)는 정해(丁亥), 정유(丁酉), 계묘(癸卯), 계사(癸巳) 네 개 밖에 없다. 위의 일주를 가진 사람들은 품성이 고결하고 사유가 깊어 고고한 선비의 상이 된다. 하지만 달리 생각하면 남으로부터 귀함을 인정받을 수는 있으나 정작 자신은 융통성이 없어 괴로울 수도 있겠다.

천을귀인의 조합은 아래와 같다.

천간	甲, 戊, 庚	乙, 己	丙, 丁	辛	壬, 癸
천을귀인	丑, 未	子, 申	亥, 酉	寅, 午	巳, 卯

정해, 정유, 계묘, 계사 네 개는 일귀(日貴)라고 한다. 귀한 일주를 가진 사주라는 뜻이다. 노력에 비해 얻는 결과가 크고 남들로부터 존경받는 사주이다. 그러나 실제로는 관살 혼잡의 경우가 많아 복잡한 삶을 사는 경우가 많다. 상관이 관을 보는 상관견관의 경우에 어쩔 수 없이 직장운이 나빠지기도 한다. 또한 대운과 세운에서 천라지망에 걸리면 흉운(凶運)이 훨씬 더 강하므로 천을귀인은 아예 동작하지 못한다. 천을귀인을 보더라도 흉살이 어떻게 작용을 하는지 먼저 살펴야 한다. 흉이 길보다 우선하기 때문이다. 천을귀인이 사주 지지에 여러 개 포진하고 있는 경우도 있다. 남자의 경우에는 천을귀인이 사주에 많으면, 특히 그것이 십이운성으로 생지나 왕지라면 매우 좋고 운에서 합이 들어오면 그 운에 큰일을 한다고 본다. 그러나 여자의 경우 천을귀인은 지지에 하나만 있는 것이 좋고

여러 개 있으면 오히려 좋지 않다. 옛날 방식의 논법인데, 현대에서 다른 해석을 해도 비슷하다. 즉, 여기저기에서 귀인을 얻으면 결국 사내가 여럿이 되는 것이니 좋지 않다는 해석이다. 경험상 실제 그런 경우가 꽤 있다.

귀인 중에는 천을귀인 말고도 꽤 많은 귀인이 있다. 천덕귀인, 문창귀인, 학당귀인, 월덕귀인 등 비슷비슷한 귀인들이다. 물론 각기 다른 논리로 길신이라 하는데 천을귀인 정도만 알면 된다. 일부 만세력에서는 여러 귀인을 표기해 주기는 하는데, 무시해도 좋다.

실제 사주 간명에서 길신으로 분류되는 좋은 요소가 있는데, 바로 일간(日干)의 뿌리가 되는 글자가 지지에 있는 것이다. 과거에는 이것도 정록성(正祿星)이라 해서 신살로 보았지만 단순하게 사주의 주인인 일간이 지지에 뿌리를 내려서 좋은 것이라 보면 된다. 을(乙) 일간이 지지에 묘(卯)를 두고 있는 경우, 즉 비견을 두고 있으면 이것이 십이운성으로 록(祿)에 해당하니 정록성이다. 경(庚) 일간이 신(申)을, 임(壬) 일간이 해(亥)를 두는 식이다. 일간이 지지에 뿌리를 내렸다는 것만으로도 극을 당할 때 감당할 수 있고 재성이 올 때 취할 수 있는 이점이 있다. 다만, 비견이 흉신이라면, 즉 용신을 성격(成格) 시키는 상신을 해치는 경우라면 물론 길신이 될 수는 없다. 또한 자존심이 강하고 고집이 센 경우가 많아 타인과 원만하지 못할 수도 있다. 길신은 흉신으로 변모할 때 더욱 흉포해지고 흉신도 그것이 길신으로 바뀔 때 강력한 길신이 될 수 있다.

일부에서는 역마살과 화개살도 길신으로 분류한다. 좋은 집안에서 태어난 사람이 역마살을 가지고 있으면 사회적으로 높은 자리에 순조롭게 오를 수 있다. 평범한 집안에서 태어난 사람이 역마살이 있다면 바쁜 사람이다. 화개살의 경우도 사주에 있다면 명주(命主)는 총명하다고 본다.

천라지망

최상위의 흉살이다. 알려진 흉살만 해도 삼백여 개가 넘는다. 길신이라고 해봐야 몇 개 없는데 흉살이 이렇게 많은 데에는 여러 이유가 있는 것 같다. 근본적으로 인간의 삶이 만족스러운 경우보다 그렇지 못한 경우가 훨씬 많기 때문일 것이고, 그러므로 사람들은 조심하고 꺼리는 것들에 대해 민감하기 때문일 것이다. 거기에 수많은 술사가 상담하러 온 사람들에게 겁을 주면 이득을 취하기 쉽기 때문이기도 할 것이다.

천라(天羅)라고 하면, 지지의 술(戌)과 해(亥)를 뜻한다. 지망(地網)은 진(辰)과 사(巳)다. 술과 해는 자(子)의 바로 전 지지이다. 자는 음이 가장 충만한 상태이고 그리하여 양으로 향하는 입구이다. 진과 사는 오(午)의 바로 전 지지이다. 오는 양이 가장 충만한 상태이고 그리하여 음으로 향하는 입구이다. 하늘의 문이 열리고 땅의 문이 열리는 그 입구에 서 있는 글자들이 술과 해 그리고 진과 사인 것이다. 천라지망은 줄여서 라망이라고도 한다. 하늘과 땅이 그물로 덮여 인간이 그 그물 속에서 옴짝달싹하지 못하게 된다.

사주원국의 일지와 월지가 라망의 글자들이면 무엇을 해도 되는 일이 없는 사주라고 한다. 그러나 당연히, 반드시 그렇지는 않다. 지장간의 작용도 고려해야 하고 운에서 합이 들어와 합거되는 경우도 있을 수 있다. 라망의 한 글자가 일지 있는 경우, 대운에서 라망이 만들어지면 그 운을 지나는 내내 곤란함을 겪게 되는데, 술과 해, 진과 사는 붙어있는 지지이므로 대운이 들어오면 두 개가 연달아 오게 되므로 작용력이 약한 앞과 뒤를 빼더라도 대략 15년은 일이 안 풀리게 된다고 봐야 한다. 직장을 다니던 사람은 욱하는 기분에 그만두고 사업을 시작하지만 들어먹게 되며, 사업을 하던 사람은 갑자기 자금줄이 막히는 일이 생긴다. 사이 좋던 부부도 관계가 소원해지고 1등만 하던 학생이 공부를 접고 게임에 빠지게 된다. 이것을 천라지망 때문이라고 보면, 그 운이 들어오는 것을 알면 보다 방어적으로 사는 지혜를 발휘해 라망의 작용력을 피해 갈 수 있도록 해야 한다.

천라지망은 다양한 툴로써 해석할 수 있다. 예를 들어, 일지 라망의 글자가 관성(官星)인데 운에서 라망이 완성이 되었다면 남자의 경우 직장에서 좌천이 되거나 승진심사에서 떨어지는 등의 일이 생길 수 있고 여자의 경우에는 외간 남자와 연을 맺고 집을 떠나게 되는 일이 생길 수 있다. 라망의 글자 중 화(火)의 고지(庫地)인 술이나 수(水)의 고지인 진이 삼합이나 방합을 짜고 운에서 또 라망의 글자가 들어온다면 충격은 더 커질 수 있다.

천을귀인이나 천라지망은 사주를 보는데 아주 재미난 요소가 된다. 당사자는 심각하겠지만 운을 흐름을 파악하고 자신이 하고자 하는 일의 방향성을 잡는데 쓴다면 유익할 것이다.

사주 원국에서 천을귀인이나 천라지망을 짠 경우보다 운에서 그것이 들어오는 것에 더 신경을 써야 한다. 원국에서 가지고 있더라도 대운과 세운을 지나며 수많은 사주의 변수들에 의해 효과가 감소되거나 증폭될 수 있다. 결국 운을 제대로 읽어내기 위해서는 천을귀인이나 천라지망이라는 요소를 반드시 한 번은 짚고 넘어가야 한다. 중요하지는 않지만 무시하지는 말라는 말이다.

4대 흉살 - 백호살, 괴강살, 양인살, 귀문살

우리가 사는 지금의 세상은 신분제가 없는 평등한 사회라고 하지만, 현실적으로는 엄연히 지배층과 피지배층으로 나뉘어 있다. 소수의 지배층이 다수의 피지배층을 억압하는 구조다. 그러니 좋은 사주는 적을 것이요 나쁜 사주는 많을 것이다. 상담하러 온 사람의 절반 이상은 힘든 삶을 살고 있는 사람들이다. 사주를 펼쳐보면 그 이유가 보인다. 신기한 것은 부귀를 누리고 있는 사람들의 사주도 별반 다르지 않다는 것이다. 그러면 그 차이는 어디에서 오는 것일까? 부모를 비롯한 조상의 덕을 잘 본 경우를 제외하고는, 운에서 기회가 왔을 때 과감하게 자신의 명을 던지는 선택을 했거나 주위의 도움을 잘 받았거나 시대를 잘 만난 경우이다.

소위 4대 흉살(凶殺)이라고 불리는 글자들이 자신의 사주 원국에 있거나 운에서 들어오더라도 좋은 방향으로 그 악의 에너지를 돌리기도 했다. 이것이 결정적 차이가 아닐까 싶다. 거대한 괴물이 나를 덮치려 할 때 그 사실도 모른 채 깔려 죽거나 알아도 지레 겁을 먹고 얼어붙어 버린 사람이 있는 반면 괴물이 덮치려는 방향을 알아채고 몸을 비켜선 뒤 다리를 걸어 넘어뜨려 거대한 월척을 낚는 사람도 있는 것이다. 그럴만한 뱃심이 있느냐 없느냐 하는 것도 사주에서 볼 수 있지 않을까? 당연히 그렇다. 다만 뱃심이 있어도 써야 할 때를 모르거나 방향성을 잘못 잡으면 낭패일 것이다.

사주의 4대 흉살에 대해 간단히 알아보려 한다. 알고는 있으라는 뜻이다. 실제로 정확하게 맞아떨어지는 일은 많지 않다. 용기가 있다면 흉살의 약점을 파고들어 거대한 기운을 쟁취하라.

백호살(白虎煞)

옛말로 호랑이한테 물려 죽는 살이라고 한다. 요새는 호랑이가 없으니 불의의 흉사로 인한 횡액(橫厄)을 말한다. 극(剋)을 좋아하는 용맹성을 나타낸다. 백호살에 해당하는 갑자는 무진(戊辰), 정축(丁丑), 병술(丙戌), 을미(乙未), 갑진(甲辰), 계축(癸丑), 임술(壬戌)이다.

백호살이 나온 이론적 근거는 주역이다. 하도낙서의 구궁도(九宮圖)의 원리를 이용하면 찾는 법은 의외로 쉽다. 그러나 굳이 그렇게 찾지 말고, 일곱 개밖에 안 되니 그냥 외우면 되겠다. 우리는 이미 진술축미(辰戌丑未) 토(土)의 기운 지지(地支) 네 개가 토 외의 4행의 고지(庫地)라는 것은 이미 알고 있다. 이 토의 기운이 구궁도의 중앙인 중궁(中宮)을 공격한다고 해서 흉살(凶殺)로 보았다. 예를 들면 갑자(甲子)부터 순서를 매겨서 아홉 번째 임신(壬申)까지 나열하면 한 가운데 5번째 갑자는 무진(戊辰)이다. 무진은 두 번째 을축(乙丑)과 여덟 번째 신미(辛未)가 서로 충(沖)하고 있는 가운데에 있다. 두 번째 자리는 구궁도에서 음(陰)의 토가 위치한 궁이고 여덟 번째 자리는 양(陽)의 토가 위치한 궁이다. 그 두 자리가 충하면서 가운데 중궁(中宮)인 토가 위태로워지는 것이다.

백호를 가진 사람들은 기질이 강하다. 다혈질이고 직선적이다. 고집이 세서 남의 말을 듣지 않으며 욱하는 성질이 있고 폭력적인 면까지 있다. 반면 추진력이 있고 불굴의 의지를 가지고 큰일을 도모할 수 있다는 장점이 있다. 사주에 백호살이 있으면 기본적으로는 흉하다고 보지만 일간이 튼튼하면 뒤집어엎을 잠재력이 있으므로 운을 잘 만나면 복의 크기는 남다르게 들어올 수 있다고 하겠다. 백호살을 육친의 길흉으로 보기도 하는데, 사실 그 점에서는 별 쓸모가 없다. 실제로 백호살을 일주에 둔 사람이 배우자와의 연이 좋은 경우를 많이 봤다. 상대방이 많이 양보하고 참고 사는 경우일 수도 있겠으나 어찌 되었건 부부간의 힘의 균형은 잘 맞은 경우가 많았다. 다만, 시주(時柱)에 백호살이 있는 경우 드센 자식을 보아서 사주의 주인이 고생하는 경우는 더러 보았다.

백호살은 사회성이나 직업과 관련해서 보는 것이 좋을 것이다. 우선 평범한 직장인으로 살기에는 기운이 너무 강하다. 자기 일을 해야 하는데, 그렇게 되면 아랫사람이 힘들어진다. 따라서 전문직으로 가는 것이 좋다. 사주 원국이 관인상생(官印相生)의 기운이라면 법조계나 의료인 쪽으로 가서 다른 사람의 피를 보거나 생명을 다루는 사람이 되면 길(吉)하겠다. 식재관(食財官)이 좋게 흘러가는 사람은 사업을 하되 쇠를 자르거나 뚫거나 하는 물상이 있는 사업이 좋을 것이다. 넓게 보면 요리사, 미용사, 패션 의류업 등도 여기에 해당한다.

괴강살(魁罡煞)

우두머리의 기운을 가진 살이다. 극단으로 치우친 살이다. 좋을 때는 큰 발전을, 나쁠 때는 큰 피해를 본다. 경진(庚辰), 경술(庚戌), 임진(壬辰), 임술(壬戌)이 해당한다. 넓게는 무진(戊辰), 무술(戊戌)까지 포함하기도 하는데 금(金)와 수(水)까지만 보면 될 것이라고 보여, 토(土)의 기운인 무진과 무술은 빼겠다. 괴강살은 양금(陽金)과 양수(陽水)가 양토(陽土)를 보는 기운이다.

괴강살은 다른 것보다 건강에 신경 써서 보면 유익하다. 운에서 들어오면 질병에 유의해야 한다. 강한 흉살(凶殺)을 가진 사람은 직업으로써 그 흉운을 막을 수 있다. 업상대체(業象代替)라고 한다. 즉, 운동선수나 경찰, 군인처럼 강한 직업을 가지면 오히려 크게 될 가능성이 있다.

과거에는 여자에게 괴강살이 있으면 과부살이라고 했다. 외모는 아름다우나 남편에게 고분고분하지 않으니 결국에는 남편이 죽거나 이별한다는 것이다. 이런 막말이 어디에 있는가? 배타적 유교주의의 절정 아닌가. 괴강살을 가지고 태어난 여자는 남편에게 학대당해도 받아들여야 남편이 잘된다는 뜻인가. 괴강살을 가진 여자도 남자와 마찬가지로 보면 된다. 직업으로써 그 흉살을 반전의 기회로 삼으면 될 것이고 마음이 넉넉하고 고분고분한 남자를 만나면 잘 살 것이다. 그리고 괴강살이 중첩된 사주의 경우 극단의 기운이 몇 배로 커지니 부를 취해도 어마어마한 부를 취할 잠재력을 가지고 있다. 기회를 잘 잡으면 되겠다. 괴강살은 그래도 괴강살인지라 잘못되면 나무에 목을 매거나 (목의 기운이 센 사람) 강물로 뛰어들거나 (수의 기운이 센 사람) 할 수 있으니 늘 좋을 때 베풀고 안 좋을 때 공부나 기도를 하면서 참고 견디며 기회를 노리는 태도가 필요하다.

괴강살을 가진 사람들은 삶에 굴곡이 있다. 미모가 출중한 여자가 괴강살을 가지고 있거나 괴강의 운을 만나면 독립적으로 살다가도 일이 꼬여 유흥업에 빠지는 경우가 생긴다. 그러니 안 좋은 일이 생겼을 때는 조급하게 섣부른 행동을 하지 말고 냉정하게 생각해야 한다. 괴강살을 가진 사람 중에 부자가 되었으나 이혼하고 망한 경우도 있고, 가난해서 이혼하고 난 뒤 부자가 된 경우도 있다. 괴강살은 이렇듯 길과 흉이 동시에 또는 연이어 오기도 한다. 종교를 가지고 신앙심을 키우기를 권한다.

양인살(羊刃煞)

백호나 괴강이 아무리 강하다 해도 양인(羊刃)만 할지 싶다. 양인은 남을 해칠 가능성도 있는 팔사이기 때문이다. 양인은 강하다 못해 악(惡)하다.

겁재 중 양간과 음의 지지가 만난 것인데, 일주(日柱)로는 병오(丙午), 무오(戊午), 임자(壬子)가 해당된다. 양인살에 해당하는 일주로 이 세 개만 보면 된다. 천간의 양의 글자가 음의 겁재를 만났다고 모두 양인살은 아니다.

무오는 겁재는 아니지만 화토동법(火土同法)을 따랐다. 나머지는 갑목(甲木)이 묘목(卯木)을 볼 때와 경금(庚金)이 유금(酉金)을 볼 때 해당한다. 양인살은 십이운성(十二運星)의 왕(旺)지에 있다. 갑(甲)의 경우, 같은 오행의 삼합국인 해묘미(亥卯未) 중에서 왕지인 묘(卯)가 제왕이며, 병(丙)과 무(戊)는 화국(火局) 삼합 인오술(寅午戌) 중 왕지 오(午)가 제왕이며, 경(庚)은 금국(金局) 삼합 사유축(巳酉丑) 중 유(酉)가 제왕이고 임(壬)은 수국 삼합 신자진(申子辰) 중 자(子)가 제왕이다.

양인은 지배 욕구가 강하다. 그래서 주변과 마찰이 잦다. 같은 죄를 지어도 남들보다 흉악한 죄를 짓는다. 말뜻 그대로 양(羊)을 잡는 칼(刃)이니 '나'를 뜻하는 일간(日干)을 빠르게 극할 수 있으므로 조심해야 한다. 차라리 내 몸에 먼저 칼을 대서 그 기운을 감쇄할 필요도 있다. 일간이 강하면 더욱 흉하게 작용하는 것이 양인이므로 그런 사람은 남자라면 반드시 어려서 포경 수술을 하도록 하고 여자라면 어른이 되기 전 쌍꺼풀 수술이라도 해야 한다.

양인이 안 좋은 다른 이유는 비겁이 흉포해지므로 재성(財星)이 무너진다는데 있다. 배우자를 극하고 재물을 잃게 된다. 지나치게 음란해지고 부끄러움을 모르게 된다. 그러나 양인살을 가진 사람은 고난에 잘 버티는 힘이 있고 기개가 있다. 자신이 죽을 것임을 알면서도 폭탄을 던진 독립운동가의 모습을 떠올리면 이해할 수 있다.

귀문살(鬼門殺)

귀문살은 지지에만 해당하는 살이다. 진해(辰亥), 오축(午丑), 사술(巳戌), 묘신(卯申), 인미(寅未), 자유(子酉)의 조합이 있으면 되고 순서와는 상관없다. 원진살과 많은 부분 겹치는데, 인미와 자유가 인유와 자미로 바뀌면 원진이다. 원진살(元嗔煞)은 붙어있으면 으르렁거리고 떨어져 있으면 보고 싶어지는 애증의 살이다. 귀문살은 전혀 성격이 다른 것으로, 내 몸에 귀신이 들락거리는 경우라고 보면 된다. 현실적으로 보면 촉이 좋아서 꿈을 꾸면 반드시 그 꿈과 연관된 일이 일어나거나 별일 아닌 일에 수없이 밤을 새우며 집착하는 사람들에게 나타나는 살이다. 집안에 태몽을 잘 꾸는 사람이 있다면 그 사람에게 귀문살이 있을 가능성이 높다.

월지, 일지, 시지 세 군데 중에서 두 군데가 연달아서 있을 때만

귀문살이다. 따라서 위치의 파악이 제일 중요하다. 두 군데가 연달아 있어야 하므로 일지는 모두가 포함되게 되어 있다. 그런 이유인지는 모르겠으나, 일지는 귀문살을 논하지 않는다. 일지와 월지 두 군데가 귀문에 해당한다면 월지에 귀문살이 있다고 보면 되는 것이다. 시지와 일지도 마찬가지로 시지에만 있다고 보면 된다. 예를 들면 일지가 진(辰)이고 시지가 해(亥)라면 진해 귀문살인데, 귀문살이 있는 곳은 시지 해(亥)이다. 그러나 월지-일지에 귀문이 형성되는 것이 더 강력하다. 월지는 일주의 계절성을 나타내는 방향타이기 때문이다.

앞서 얘기한 대로 귀문살은 귀신이 드나드는 문이며 정신적인 영역에서의 흉살이다. 귀신에 씌었다고 하거나 악령이 깃들었다고 하는 식의 살인 것이다. 좋게 보면 통찰력이 있고 창의력이 뛰어나다고 볼 수 있다. 그러나 형이상학적인 사고체계에 빠져 있고 비이성적 행동을 할 때가 있으며 변덕이 심하다. 신약한 사주에서는 귀문살은 나쁜 쪽으로 발현이 되어 신경이 예민하고 히스테리 증세가 나타날 수 있으나, 신강한 사주에서는 오히려 창의력을 끌어올리는 좋은 역할을 할 때가 많다.

실제 상담을 해보면 귀문살을 가진 사람에게 앞서 설명한 저런 해괴한 특성은 잘 보이지 않는다. 안 좋은 의도를 가진 술사들은 가끔 귀문살을 떼어내기 위해서 살풀이라도 해야 한다고 말하는데 그저 돈을 벌려는 수작이라고 생각하면 된다. 실제로 귀문이나 원진은 남편과의 사이가 안 좋은 여성이나 동업자와 틀어진 사업가에게 그 원인을 상대방의 탓으로 돌리기에 좋은 재료로 쓰이면 그만일 것이다.

4대 흉살 외 기타 흉살 중에 고진살과 과숙살이 있다. 옛사람들은 남자에게는 고진살(孤辰殺), 여자에게는 과숙살(寡宿殺)을 가장 꺼리는 흉살로 보았다. 일상에서 많이 따지는 살이기도 하다. 고진이나 과숙은 배우자 운이 없는 흉살이다. 연지(年支)를 기준으로 보고 방합(方合)으로 따진다.

남자가,
인묘진(寅卯辰)년에 태어난 경우, 사(巳)
사오미(巳午未)년에 태어난 경우, 신(申)
신유술(申酉戌)년에 태어난 경우, 해(亥)
해자축(亥子丑)년에 태어난 경우, 인(寅)이 고진살이다. 각 방합의 다음 글자다.

여자가,
인묘진(寅卯辰)년에 태어난 경우, 축(丑)
사오미(巳午未)년에 태어난 경우, 진(辰)
신유술(申酉戌)년에 태어난 경우, 미(未)
해자축(亥子丑)년에 태어난 경우, 술(戌)이 과숙살이다. 각 방합의 이전 글자다.

이런 경우는 꽤 많다. 옛날에는 여러 가지 이유로 배우자를 잃은 사람들이 많았기 때문에 고진과 과숙이 힘을 얻었을 것이다. 그럼에도 고진이나 과숙이 천을귀인이나 천덕귀인 등 여러 귀인과 함께 있으면 크게 귀한 사주라고 했다.

흉살은 그 힘을 역으로 잘 활용하면 대길(大吉)할 수 있는 길신(吉神)이 될 수 있음을 명심하자. 흉살의 파괴력을 좋은 쪽으로 돌려서 유익하게 쓰도록 하자.

나가며

시중(時中)

주역에서 시중(時中)이란 '때에 맞추어 실천하는 것' 또는 '처한 상황에 따라 맞추어 사는 것'을 말한다. 우주의 만물은 시중을 실천한다. 계절에 따라 자연은 맞추어 산다. 주역이 주장하는 바는 사람도 그러해야 한다는 것이다. 공부해야 할 때 공부해야 하며 부모가 살아있을 때 효도해야 한다. 아이는 아이답게 어른은 어른답게 살아야 한다. 사주 명리에서 주역이 가르치는 시중을 실천하는 것은 결국 '나아가야 할 때는 나아가고, 지켜야 할 때는 지켜야 한다.'라는 것이다. 각자의 명(命)이 가진 기질에 맞추어 운(運)이 펼쳐준 길을 따라 나아갈지 지켜야 할지 조언하는 것이 명리의 역할이다. 명리를 알지 못하면 자신을 알지 못하는 것이고 때를 알지 못하는 것이니 하지 말아야 할 언행을 일삼다 실패하고, 망설이다 놓치고, 욕심을 내다 망치기 일쑤다.

우리가 해야 하는 것은 결국 실천이다. 기다리는 것도 실천이 될 수 있다. 망설이는 것과 기다리는 것은 다르다. 기다리는 이유는 때를 알기 때문이다. 망설이는 것은 때를 모르기 때문이다. 명리는 그 알고 모르는 것의 차이를 만든다. 같은 때라고 하더라도 기다려야 하는 사람이 있고 나서야 하는 사람이 있다. 그 차이도 역시 명리가 알려준다.

전체적인 사주 해석방법을 생각해 보자.

사주팔자를 앞에 두면 이걸로 무엇을 어떻게 생각해 내야 할지 난감하다. 일간을 보니 천간 10자 중 한 글자일 뿐이고 월지를 보니 12지지의 한 글자에 불과하다. 겨우 정신을 차리고 일간에 대비해서 보니 어떤 십성(十星)이 도출되었다. 격을 잡고 용신까지 찾았다고 치자. 이제는 어떻게 할 것인가?

우리가 사주를 통해 알고자 하는 것은 따로 있다. 하늘이 자신에게 내리는 에너지의 방향은 정해져 있다. 그 방향성에 관해 이미 사주를 통해 알고 있다면 대책을 세울 수 있다. 아니면 피해를 최소화할 수 있다. 그러나 무방비로 있다가 당한다면 그 피해는 막심할 것이다. 내가 그 운의 파도를 어떤 도구를 가지고 타고 넘으면 유리한지 알고 있다면 위기가 큰 기회가 된다. 좋은 기운이 들어와도 그 기운이 들어온 줄도 모른 채 흘려보낸다면 하늘이 내린 기회를 놓치고 살던 대로 살게 된다. 아는 자와 모르는 자의 차이는 실로 우주적으로 크다.

사주가 진리가 아니라고 생각할지라도 자신의 사주가 말하는 것을 참고하는 것이 손해는 아니다. 모르면 어차피 아무것도 하지 않을 테니 말이다.

우리는 모든 순간 선택을 한다. 아무것도 하지 않을 선택도 포함한다. 자신의 명(命)을 알고 운(運)을 이해하면 선택할 때 불안하지 않다. 만약 좋지 않은 일이 자신에게 느닷없이 생겼다면 그 일이 왜 생겼는지 사주를 통해 이해할 수 있다. 그리고 그 일이 있고 난 이후 어떤 일이 벌어질지 예측할 수 있고 그리하여 그 일이 자신에게 어떤 의미인지 가늠할 수 있다. 아는 자는, 수습하면서 전화위복이 될 수 있는 창의적인 선택을 할 수 있다.

하나의 학문과 철학이 수천 년에 걸쳐 살아남은 데에는 다 이유가 있다. 일부에서는 미신이라고 오해하고 현대 과학의 시대에 맞지 않는 구시대의 사고라고 하지만 지금까지 사주는 유효하다.

사주를 믿어야 하는가?

지상파 방송국의 추적 탐사 프로그램 몇 군데에서 사주와 점술의 무용론을 말하는 것을 보았다. 여러 사례를 들며 비난한다. 같은 사주를 가진 사람의 인생이 다르게 펼쳐진 경우를 보여주고 인생이 완전히 바뀐 쌍둥이의 사례를 언급하기도 한다. 사주는 전혀 맞지 않는 비과학적이며 사기와 마찬가지이니 주의하라는 취지로 마무리한다.

같은 사주를 가진 사람의 삶이 어떻게 그리고 왜 달라지는지 이미 설명했다. 쌍둥이 사주도 마찬가지다. 사주가 지닌 상대적인 면을 간과하였다. 우연성과 불확실성의 과학과 연결되는 명리의 철학적인 면은 전혀 이해하지 못한 결과다. 사주를 보는 사람이 어떤 사람의 사주팔자를 보면 이 사람이 어떤 사람이고 어떤 일을 겪었으며 앞으로 어떻게 살 것인지 신내림을 받은 사람처럼 알아야 한다고 호도하는 것에 분노할 수밖에 없다. 심지어 방송 기자는 어떤 사람의 사주를 자신의 사주인 것처럼 들고 가서 사주쟁이에게 주고 그가 얼마나 엉뚱한 소리를 하는지 보여주고 비아냥거린다. 사주 따위는 미신에 불과하니 쓸데없는 데 돈 낭비하지 말라고 하고 사주쟁이를 싸구려 사기꾼으로 폄훼한다.

방송이 잘못됐다고 하는 것이 아니다. 접근법이 틀렸다. 프로그램 제목처럼 사주는 믿고 안 믿고의 대상이 아니다. 사주는 종교가 아니다. 사주쟁이를 교주로 믿을 수는 없지 않은가. 물론 아직도 많은 사주쟁이가 수준 이하의 언행을 일삼으며 궁지에 몰린 사람들의 정신을 흐리며 돈을 갈취하고 있다. 방송은 사이비종교를 취재하듯이 그릇된 사주쟁이의 언행을 취재하면서 일반인들에게 속지 말라 경고한다. 실제로 사기꾼과 같은 사주쟁이가 아직도 많이 있다. 사주 명리를 욕보이는 자들이 생각보다 많다는 말이다. 그러나 사주의 효용은 그런 것이 아니다.

음양오행을 근본으로 하는 명리학은 명주의 사주를 보고 이 사람이 지금까지 살아온 삶이 사주가 명하는 대로 이어왔는지 보고, 앞으로 어떤 마음가짐을 가지고 다가올 운을 대하면 좋을지 조언한다. 맞추고 예언하는 것이 사주의 소명이 아니란 말이다. 사주팔자가 정해준 자신의 기질을 잘 발휘하며 살고 있는지, 그에 맞는 직업이나 학업의 방향을 세웠는지, 운을 고려하여 앞으로의 선택을 과연 어떻게 하는 것이 유리할지 명주에게 조언하고 상담하는 것이 사주 명리의 근본 소임이다. 그 사람의 사주가 어느 측면에서 좋은지, 좋지 않은 기운은 어떤 것인지 파악하고 강점은 강화하고 약점은 약화하는 쪽으로 조언해야 한다. 그것이 남의 사주를 봐주는 사람이 가져야 할 태도다.

사주를 믿으면 안 된다. 사주는 믿음의 영역이 아니라 학문이고 철학이다. 그렇다면 사주를 어디에 쓸까? 명리의 본질을 알고 사주를 보면서 명주와 고민을 함께 나누면 된다. 신부의 집에 신랑의 사주를 함에 넣어 보내는 이유가 무엇일까? 옛날 풍습이니 옛날의 생활상을 참고하여 생각해 보자. 옛날에는 신랑과 신부가 서로 얼굴도 보지 못하고 어떤 사람인지 제대로 알지 못한 채 어른들이 정해준 대로 결혼을 한다. 청혼의 의미로 사주단자를 넣은 함을 보낸다. 함을 들고 간 사람을 후하게 대접하고 보냈다. 신부 측에서는 신랑의 사주를 적은 곳 아래에 신부의 사주를 적어 보관했다.

사주는 곧 그 사람이다. 사주를 보내면 집안의 어른에게 보여주어 신랑이 어떤 사람일지 어떤 성정을 가진 사람일지 알고 신부에게 어떤 마음으로 신랑을 맞으면 좋을지 조언한다. 무엇을 근거로 그렇게 할까? 당사주 체계든 자평명리 체계든 사주는 음양오행을 기반으로 한 자연철학이다. 우리 선현들도 단지 그렇게 활용했다. 사주는 그렇게 쓰는 것이다.

사주로 무엇을 할까?

사주는 동양철학이며, 자연과학이다. 이를 통해 우리가 알고자 하는 것은 이미 설명했다. 명리의 심오하고 방대한 이론에 비하면 아주 기초적이고 단편적인 것들만 이 책에 적어두었다. 사주의 의미를 설명하면서 사주 명리의 기초적인 용어는 알아야 하니 그렇게 했다.

우리가 인생을 제대로 잘 살기 위해서 이해하고 실천해야 하는 요소들이 몇 가지 있다. 선현들의 경험과 지혜에서 나온 격언과 같은 것이다. 우선, 내가 가지고 태어난 명(命)을 이해해야 한다. 나의 한계와 가능성을 알아야 한다. 그리고 운(運)을 이해해야 한다. 이 두 가지는 사주팔자로 정해졌다. 나의 출생과 동시에 정해진 것이다. 그다음으로는 자신이 처한 환경(環境)이다. 같은 사주를 가지고 태어나도, 즉 같은 명과 운을 가지고 태어나도 처한 환경이 다르면 다른 삶을 살게 된다. 아니면 스스로가 좋은 환경을 만들어 가면 운명이 달라질 수 있다. 이 세 가지는 우리에게 주어진 삶이다. 사람으로 태어난 이상 생로병사의 과정을 통해 오행의 순환을 한다. 그리고 반복한다. 사주는 계절론이라고도 했다. 춘하추동이 순환한다. 그것으로 우리는 미래를 유추할 수 있다. 순환하지 않고 나아가기만 하면 예측이라는 것이 무의미하다. 우주 만물이 생장하고 소멸하는 과정을 순환하고 반복하므로 사주명리는 존재하고 의미를 가진다. 그 모든 순환과정을 담고 있는 학문이자 우연성과 불확실성을 기반으로 삶의 의미를 찾는 학문으로써 사주명리는 또한 의미를 가진다.

우리가 후천적인 노력을 통해 운명을 바꿀 수 있는 요소로 나눔과 배움이 있다. 사람이라면, 타인에게 베푸는 마음을 가져야 한다. 나보다 부자이든 빈자이든 간에 사랑하는 마음, 즉 휴머니즘을 가지고 있지 않으면 그저 약육강식의 세계에서 치열하게 생존 싸움을 벌이다 죽는 동물과 다르지 않다. 그리고 지식을 함양하여 지혜를 얻어야 한다. 뭐 눈에는 뭐만 보인다는 말은, 아는 것이 없으면 볼 수 있는 것이 없다는 말과 같다. 세상 만물의 이치를 탐구하고 세상 인간사 지혜를 얻으려고 노력하면 우리의 운명이 바뀔 수 있다. 다시 명과 운을 이해하는 과정을 순환하면 좋은 기운이 상승하는 운명을 얻는다. 사주 명리는 그 과정 전반에 걸친 기반 철학으로 기능한다.

부록

부록 | 잡설 두 가지

궁합

사주를 보는 사람에게 궁합이라는 주제는 매우 골치 아픈 것 중 하나이다. 명리의 고전 어느 곳에서도 궁합이라는 주제를 논(論)한 적이 없으려니와 대가(大家)라 이름을 떨친 명리학계의 거두들 모두 각자 나름의 방식으로 궁합을 보고 있기 때문이다. 따라서 딱히 논리적으로 궁합을 보는 법을 정리하기는 쉽지 않다. 다만, 궁합이라는 것이 두 사람의 사주팔자를 모두 간명하고 난 뒤 논하여야 한다고는 생각한다. 주체적인 '나' 둘이 합(合)하고 충(沖)하는 관계로 엮여 공동의 운명체를 꾸려나가는 상황을 예상하고 '좋다, 나쁘다'로 판단하는 일은 매우 어려울 수밖에 없다. 더군다나 결혼의 연이 이미 닿은 사람들에게 감히 '해라, 마라' 하는 말을 어떻게 할 수 있을까. 결혼은 개인에게 있어서 운명을 걸고 벌이는 일생일대의 의사결정이다.

아마도 우리 민족은 자식의 결혼을 부모의 일, 나아가 집안의 일로 여겨 궁합을 보는 것 같다. 생각해 보면 여자의 집에 남자의 사주를 보내 최종 승낙을 받아내는 풍습은 나름 세련된 문화였던 것 같다. 물론 여자의 사주는 이미 남자의 집에 들어갔을 테지만 말이다. 결혼은 집안의 일이어서 그 인연이 몰고 올 운명의 파장을 우리 선조들은 미리 대비하였던 것이 아닐까 싶다. 그런데 그 문화가 민중 속으로 내려오면서 기형적으로 변했다는 데 문제가 있다. 점쟁이들은 온갖 신살을 들먹이며 겁을 주거나 상대방의 사주팔자에 대해 깎아내리는 식의 궁합 풀이를 하며 인기를 얻었다. 남성 중심의 가부장적 유교 문화에 편승해서 남자가 여자를 억압하는 수단으로까지 사용된 것 같다. 남자의 집에 시집을 간 여자에게 남자의 허물마저 뒤집어씌우는 용도로 활용되었다. 남자가 죽거나 불구가 되기라도 하면 여자의 사주 탓을 하며 온갖 '살'들을 여자에게 붙여 마녀로 만들었다. 명리학 본래의 의도는 간데없고 미개한 샤머니즘까지 섞여 버렸다. 그렇다면 이 거지 같은 궁합을 어떻게 하면 좋을까. 기본만 알면 된다.

남자와 여자 각각의 사주를 먼저 본다. 재성과 관성이 어떻게 놓여있는지 보면 그 사람이 상대방을 어떻게 대할지 알 수 있다. 예를 들어 간여지동(干如支同) 일주(日柱)를 가진 남자·여자라고 하자. 게다가 사주가 인성(印星)이 비겁(比劫)을 생(生)하는 형국으로 흘러간다고 하면 이 남자·여자는 어떤 여자·남자와 살든 상관없이 배우자와 무정할 가능성이 높다. 자기중심적인 삶을 살며 자존심이 가장 중요한 가치이기 때문이다. 그러나 이것은 해당 사주를 가진 자에게 국한되는 일이다. 상대적인 일은 아니다. 두 사주 사이의 일을 어떻게 해석하는 것이 좋을까.

우선, 띠를 가지고 논하는 일은 없도록 하자. 아무리 주변을 둘러보아도 띠 궁합은 의미가 없다. 그저 지지 삼합(三合)의 논리일 뿐이다. 네 살 차이가 나는 말띠와 개띠 그리고 호랑이띠를 보자. 각각 네 살 차이인데 인오술(寅午戌) 화(火)국 삼합이다. 이 사람들은 소위 삼재의 시기도 동일하다. 그런데 그것뿐이다. 궁합으로는 아무런 의미가 없다.

우선 일지(日支) 즉 당사자의 배우자 궁을 먼저 본다. 일지끼리의 합과 충을 본다. 결혼이므로 당연히 일지끼리 합을 하는 것이 좋을 것이다. 즉, 지지 육합의 관계가 형성되면 좋다고 본다. 예를 들어 여자의 일지가 묘목(卯木)이고 남자의 일지가 술토(戌土)라면 묘술합(卯戌合)으로 좋다고 본다. 충(沖)의 관계에 있으면 서로 언행에 유의하라고 일러주고 대체할 수 있는 방법을 찾아준다. 문제는 충의 관계에 있다는 것은 온갖 살(殺)에 엮이게 된다는 것인데 두 사주의 일지가 엮여 수백 개의 살을 파헤치는 일은, 의미가 없다. 신살은 당사자 사주의 원국과 운에서 역할을 한다고 생각하고 당사자에게만 국한되어 간명(看命)을 해주면 그만이다.

지지의 합과 충을 보았다면 월지(月支)로 간다. 월지는 격(格)이고 계절론을 따른다면 태어난 계절이니 자신이 가지고 있는 한난조습(寒暖燥濕)의 환경이다. 자신이 살아온 삶의 환경과 상대방이 살아온 삶의 환경을 보는 일은 궁합의 핵심이다. 그러나 이 또한 역술인마다 해석의 방법은 제각각이다. 어떤 사람은 봄의 계절에 태어난 사람과 여름 계절에 태어난 사람 사이의 궁합은 좋다고 말한다. 목생화(木生火)로 흐르는 에너지가 바람직하다고 보는 것이다. 어떤 사람은 더운 계절에 태어난 사람은 추운 계절에 태어난 사람과 잘 어울린다고 본다. 서로 도움이 되는 사주라고 한다. 사주를 푸는 사람의 경험이 반영된 것이리라.

완벽한 사주가 없듯 완벽한 궁합도 없다. 어디에 중점을 두느냐의 문제인데, 다양한 각도로 본다. 묘술합의 예를 계속 들면 묘목에게 술토는 재성이다. 정재에 해당한다. 재정적으로 안정을 이룰 수 있는 궁합이라고 본다. 만약 둘 사이에 자식이 태어났는데 화(火)의 기운이 강한 자식이라면 술토는 화의 고지(庫地)이다. 합의 관계가 깨지면 그 자식은 화의 고지로 입고해 버리는 결과가 되니 자식을 지키려면 둘이 계속 합하여 있어야 한다고 말해준다. 맞는 말인지는 모르겠으나 논리적으로는 말이 된다. 어쨌든 연지(年支)인 띠보다는 월지(月支)를 본다는 뜻이다.

결론적으로 궁합은, 당사자의 사주를 먼저 보고 그 사람에게 배우자는 어떤 사람이 좋은지를 본다. 그러니 궁합은 편파적일 수밖에 없다. 여자의 입장에서 그 여자의 사주를 보고 이 여자에게는 어떤 사람이 좋겠다고 말해주는 것이다. 남자에게도 마찬가지일 것이다. 단순하게 보면, 여자의 일간이 을목(乙木)이니 남자의 일간이 경금

(庚金)이 좋겠다고 말할 수 있다. 을경합(乙庚合)이니 그렇다. 그러나 을 입장에서는 경은 관성이라 결국 극을 당하는 입장이다. 그래서 나쁘다고도 말할 수 있다. 어떤 사람은 같은 일간이면 좋다고 한다. 취향이 맞고 같은 기운을 가졌으니 죽이 잘 맞는다는 것이다. 반대로 그렇게 되면 조화롭지 못하다는 반론도 있다. 정답은 없는 것이다. 궁합은 이미 상대방이 정해진 상태에서 두 개의 사주를 놓고 보는 것이다. 궁합은 편파적이므로 누구의 입장에 설 것인가를 정해서 보면 될 것이다. 중립적으로 객관적으로 좋은 궁합은 없다. 나에게 유리한 궁합과 불리한 궁합만 있다.

사주 이론에 궁합이란 없다. 훗날 수요가 있으니 공급자로서 어떤 식이든 만들어내야 해서 만든 것일 뿐이다. 상대방의 사주를 보고 그 사람의 격과 됨됨이, 운의 흐름을 보고 그 사람이 나에게 좋을지 판단하면 된다.

쌍둥이 사주

사주에 관한 논쟁 중에서 가장 전형적인 주제 중 하나가 쌍둥이의 사주다. 사주팔자가 같으니 똑같은 삶을 살아야 하지 않겠는가 하는 질문이다. 이미 이 책의 앞부분에서 왜 사주가 같은 쌍둥이가 다른 삶을 살까에 관한 답을 말했다. 사주 명리와 양자역학이 일맥상통한다는 점을 인정하면 답이 보인다. 불임 클리닉에서 시험관으로 아이를 잉태시켜 낳게 되면 쌍둥이가 많이 나온다. 그래서 요새는 쌍둥이 사주가 관심을 얻었다.

일부 명리학자들이 이 주제에 관하여 명확한 답을 내놓기 위해 저마다의 이론을 내세우고 있다. 예를 들어 부산의 김 모 선생처럼 먼저 태어난 사람의 경우는 그대로 두고 나중에 태어난 사람의 경우에는 일간을 겁재로 바꾸어 일주(日柱)와 시주(時柱)를 재구성하는 경우도 있다. 나름 설득력이 있다. 나이 차이가 있는 형제를 비견으로 보지만 동시에 태어난 형제는 실제로 상호 겁재로 보는 것도 타당하다는 말이다. 그러나 지나치게 테크니컬한 접근법이라고 볼 수 있다. 일리는 있으나 굳이 그렇게 한 사람의 일주까지 바꿔가면서 볼 일인가 싶다.

다른 방법으로는, 성별이 다른 쌍둥이는 그대로 보고 성별이 같고 같은 시간에 태어난 쌍둥이의 경우 먼저 나온 자의 사주는 그대로 두고 나중에 나온 자의 사주에서 대운을 반대로 두는 경우다. 즉,

남자의 경우 먼저 나온 자의 대운 방향과 반대로 가는 방식이다. 대운수(數)도 당연히 바뀐다. 또 다른 방법도 있다. 이 역시 먼저 나온 자의 사주는 그대로 두고 나중에 나온 자의 일간(日干)을 먼저 나온 자의 것과 합이 되는 것으로 바꾸고 일지(日支)도 육합이 되는 글자로 바꾸는 방법도 있다. 그렇게 하면 시주(時柱)는 바뀌지 않기 때문이다. 어떻게든 방법을 만들어 보려고 많은 분들이 애쓰고 있는데 정설은 없다.

사주정설의 서문에서 선언한 것과 같이 사주는 우연성과 불확실성의 산물이니 그 관점에서 보는 것이 좋다고 본다. 쌍둥이 사주는 결국 같은 사주로 본다는 말이다. 일반적인 이야기지만 우리는 하루에도 수만 번 선택의 갈림길에 선다. 같은 사주를 가진 사람이라고 하더라도 모두 같은 선택을 할 확률은 매우 낮다. 그러한 불확실성에 의해 새로운 우주가 탄생하여 양자역학에서 이야기하는 무한우주가 펼쳐지게 된다. 그 무한우주 중 한 곳에서 우리가 살고 있는 것이니 쌍둥이라 할지라도 각각이 수많은 무한우주를 생성하고 있다고 보면 된다.

사주 원국이 가지는 기본적인 성향과 운(運)과의 결합 메커니즘은 쌍둥이 모두에게 동일하다. 그 운을 맞이하는 시점에 어느 무한우주에서 어떤 상황에 처해있는지에 따라 쌍둥이도 확연히 다른 삶을 살 수 있다고 보는 것이 맞다. 그렇다면 쌍둥이라는 정보 없이 같은 사주를 간명한다면 동일한 해석을 하게 되는가? 그렇다. 그렇기 때문에 우리는 질문이라는 것을 통해, 상담을 통해 그 사람이 현재 살고 있는 우주가 어떤 우주인지 확인할 필요가 있는 것이다.

참고문헌

[자평진전] 심효첨 저
[적천수] 유백온 저
[삼명통회] 만민영 저
[명리요강] 박재완 저
[사주정설] 백영관 저

그 외 다수

내 운명의 비밀

초판 1쇄 인쇄 2024년 3 월 20 일
초판 1쇄 발행 2024년 4 월 01 일

지은이 루이
펴낸이 권우석
책임편집 정윤정
펴낸곳 도토리
주소 경기도 고양시 덕양구 행주산성로 144번길 70

메일 dotorimedia@naver.com
블로그 blog.naver.com/dotorimedia

ISBN 979-11-91733-29-7